물 위에 쓴 詩
바람 결에 그린 풍경

이해균의 스케치여행 2

이해균의 스케치여행 2

물 위에 쓴 시, 바람결에 그린 풍경

피처럼, 비수처럼, 여름날의 뇌우처럼, 심장을 흔드는 웅혼한 시들이
나의 시가 되었다. 오랜 고백 같은 청부 시들을 바람결에 전한다.
뜨겁게 퍼덕이는 시의 숨소리, 거친 풍경들의 상처받은 위로 같은.

차례

감곡성당_8
검은추억, 태백_10
고석정_14
겨울이 아름다운 내포여행_16
경기창작 센터_18
관촉사 은진미륵_20
괭이부리마을_22
교동옛길-막국수집이 있는 풍경_24
금산교회_26
나바위 성당_28
남한산성 행궁_30
남해금산 해돋이_32
내포의 가을_34
노동당사_36
답동성당_38
덕수궁 돌담길_40
덕주사마애불_42
도담삼봉_44
도동서원_46
도산시당과 매화_48

도피안사_50
만해 기념관에서_52
맹씨행단_54
명성황후 생가_56
물향기수목원_58
반계리 은행나무_60
백양사_62
병산서원_64
보통리에서-저수지가 있는 풍경_68
봉화 달실바을-정자위에 크리스마스_70
부산앞바다-동백섬의 파도소리_72
불갑사_74
비목공원에서_76
비수구미_78
상주, 우리나라 최고 最古의 뽕나무_80
선교장, 열화당_82
선창-사라진 포구_84
소매물도_86
수덕여관_88
수도국산 달동네 박물관_90

수류성당_92
승일교_94
안목항-커피가 있는 바다_96
약현성당과 중림동 쪽방촌_98
오죽헌_100
와우정사_102
외암리 민속마을_104
용계리 은행나무-수몰지에서 구한 신목_106
월정사_108
은자골 막걸리_110
의성김씨 종택_112
의좋은 형제_114
이천백송_116
익산미륵사지_118
인사동에서-국립현대 미술관으로_120
임청각_122
정동진 새해맞이_124
죽은향나무_126
지촌제청_128
진주성과 남강_130

참소리 박물관_132
청태산 자연휴양림_134
추사고택_136
태백, 이상향의 관문_138
파사성_140
풍수원성당_142
필암서원 확연루_144
한국가구박물관-낙엽길을 걸으며_146
현풍팽나무와 100년도깨비 시장_148
화진포_150
환기미술관_152
환상성 눈꽃열차_154
회암사지_158

서평_180
에필로그_181

음성 감곡성당

　1893년 파리외방전교회의 임 가밀로 신부는 19세에 대신학교에 입학하였고 1893년 사제서품을 받자마자 바로 입국하여 이듬해 여주 본당 부엉골에 부임하였다. 하지만 본당 사목지 위치가 적합하지 않아 고심하던 중 장호원 산 밑에 대궐 같은 집을 발견하고 간원한다. 그 집은 임오군란 때 명성황후가 피신하기도 했던 민응식의 집이었는데 1896년 집터와 산을 매입 본당을 설립하게 되었다. 1903년 한옥과 서양식이 절충한 사제관과 성당을 짓고 뮈텔주교의 집전으로 봉헌식을 했다. 또한 일제하에 지방민의 교육과 민족의식을 고취하기 위해 1907년 매괴 학당을 설립하였다. 화강석으로 만든 박물관과 지금의 고딕식 성당은 눈부시도록 아름답다.
감곡 봄 들녘에 아지랑이 가물 거리고 매괴 학교에서 들려오는 학생들의 노는 소리가 새소리처럼 맑다. 사람이 아름다운 건 더불어 사랑함이 있기 때문이리. 세월호에 갇힌 학생들이 몹시 안타깝다. 꽃핀 신록의 봄에 더욱. -충청북도에서 가장 먼저 설립된 성당이며 1930년 고딕식으로 개축 1934년 사제관이 2층의 석조 건물로 건립되었다. 아름다운 사제관은 박물관으로 사용되고 있는데 오래된 옛 성당의 사진들이 향수적이다. 산새소리 적막을 깨는 뒷산 순례 길에 오르면 임가밀로 신부의 묘가 있다. 지금은 성당에 안치되어 가묘만 남아있지만 평화로운 모습이다. 100년 넘는 그 민 옛날 프랑스의 한 소년이 이 땅에 와서 사랑을 전하고 묻힌 것이다.

감곡성당 : 충북 음성군 감곡면 성당길 10

검은 추억, 태백

삼척사람이 넘은 피재와 경상도 사람의 구문소 너머엔 정감록이 지목한 이상향 태백이 있다. 실제로 1920년 먹골배기 길가에서 검은 돌덩이가 발견된 이후 이상향 태백은 현실화됐다. 팔도에서 모여든 광부들은 검은 돈을 파내며 국가와 가족 경제에 불가결한 꿈이 되었다. 바람부리 지나 고개를 넘자 이름도 낯선 통리, 쇠바우, 삼방동이 이어졌다. 적막을 깨는 이곳이 유일하게 채탄을 멈추지 않은 철암역 장성광업소다. 어떤 시원始原의 향수를 찾아 철길건너 선탄장까지 갔다가 쫓겨 나왔다.

삼방동 비탈길을 돌아 나와 인적 드문 철암시장에서 사진을 찍겠다고 옥상에 오르다가 미끄러졌다. 이때 마주친 원 전파사 김형준 님, 미소로 반기며 처음 보는 나그네를 받아들였다.
40년째 이곳을 벗어나지 못했다며 무쇠로 된 연탄 난롯가에서 회환의 이야기를 풀었다. 태백은 한때 인구15만이 넘었으나 현재 5만이 채 안되고, 철암은 3만에서3천 정도를 겨우 유지하고 있다며 김사장(70)님은 지난 시절을 그리워했다. 그러나 그마저도 이젠 이곳을 떠나야 한다며 허전한 미소를 날린다.
이미 보상이 끝나고 남아있는 건물 들은 도로확장에 매몰될 것이라고 한다. 눈밭에 파묻힌 신발을 벗자 양말까지 젖어 흥건하다.

　선탄장에서 쫓겨나오며 계단 손잡이를 미끄러지듯 잡았는데 그만 손이 까맣게 변해버렸다. 그 손의 검정을 눈으로 비벼 씻어내다가 손가락이 빨갛게 얼었다. 몸과 짐을 난로에 말리는 동안 사장님이 커피 한잔을 내오셨다. 조용한 시간이 소리 없이 흘렀다.
전파사를 나서자 다시 눈이 내렸다. 좁은 거리엔 제설차가 탱크처럼 무겁게 지나갔다. 구문소 가는 버스에 오르자 몇몇 촌로들이 침묵을 무기처럼 품고 창가에 기대앉았다.
행선지가 궁금했다. 시골버스엔 흘러간 트롯토가 제격이지만 클래식 음악이 어색하게 흘러나왔다.
아나운서는 커피 향처럼 부드러운 목소리로 음악을 소개했다. 나는 잠시 분위기에 사로잡혔지만 촌로의 거북한 표정과 마주친 후 얼른 얼굴을 차창 밖으로 돌렸다.

어찌됐건 주파수 선택권은 기사에 있고 지금 상황은 그가 엿장수다. 버스는 투덜대듯 눈길을 달렸고 헛기침 소리만 간간히 삐져나왔다. 장롱속의 색실처럼, 마루위의 흑백사진처럼. 눈에 파묻힌 구문소에 내리자 외로움이 허기처럼 몰려왔다. 혼자 너무 멀리 왔기 때문일까?
미운 사람도 그리워지는 순백의 눈밭에서 머나먼 시 한편을 생각해 냈다.

> 강원도 부종면 어디쯤 멀리 가서
> 서울의 미운 사람들이 그리워졌으면
> 옛날 처음 서울 올 때처럼
> 보고 싶었던 사람들, 그 이름들
> 어느새 이렇게 미워지고 늙었다.
>
> 다시 진부 어디쯤 멀리 떨어져 살아
> 미워진 사람들 다시 보고 싶게
> 시기와 욕심조차 아름다워졌으면
> 가뭄 끝에 펑펑 쏟아지는 눈처럼
> 서울 어느 밤의 대설경보처럼
> 못 견디게 그리운 사랑이 되었으면
> 그러나 우린 모두 사라질 것이다.
>
> 산머루 - 고형렬

철암동 주민센터 : 태백시 철암동 349-18 (033)582-7906
대한 석탄공사 장성광업소 : 태백시 장성동 산 14 (033)581-7181

고석정

　　철원평야를 가로질러 흐르는 한탄강을 아름다운 승일교가 잇고 있다. 그 위를 거슬러 오르면 의적 임꺽정의 은거지 고석정이 보인다. 절벽사이로 맑은 강물이 유수 같은 세월이라는 시간의 속성을 잊은 채 선경을 드러낸다. 신라진평왕과 고려 충숙왕이 유람했다는 이곳에 임꺽정을 기리기 위해 세운 정자가 세워졌으나 6.25전란에 파괴되어 다시 지어졌다. 마루를 받치고 있는 기둥은 철근 콘크리토로 되어있어 주변 환경과 분리된 느낌이 들지만, 천정을 받쳐주는 기둥과 지붕은 정자의 미적 구조를 나름대로 보여주고 있다. 투명한 연둣빛 봄이 점점 짙어가며 여름으로 치닫고 있다. 이런 봄날의 시가 있다.

꽃이 지고 있습니다.
한 스무 해쯤 꽃 진 자리에
그냥 살았으면 좋겠습니다.
세상일 마음 같진 않지만
깨달음 없이 산다는 게
얼마나 축복받은 일인가 알게 되었습니다.

한순간 깨침에 꽃 피었다.
가진 것 다 잃어버린
저기 저, 발가숭이 봄!
쯧쯧
혀끝에서 먼저 낙화 합니다.

봄날은 간다 - 김종철

고석정 : 강원도 철원군 동송읍 장흥리 725 (태봉로1825)

겨울이 아름다운 내포여행 - 공세리 성당

　내포지방은 이 땅에 처음 복음이 전파되고 천주교가 탄생한 곳이다. 공세리는 삼남의 조세를 보관하던 공세창이 있던 곳으로 지금도 충청도 서남부에서 거둔 조세를 보관하던 공세창의 흔적이 마을 입구에 남아있다. 커다란 검은 돌이 폐허가 된 성벽처럼 길모퉁이에 쌓여있고 공덕비가 줄서있다. 눈 덮인 언덕 위엔 고딕양식의 공세리 성당이 부활한 예수처럼 엄숙히 날개를 펴고 길 잃은 양들을 굽어보신다. 이 성당은 1894년 프랑스의 에밀 드비즈 신부가 설립했는데 그는 상처와 종기를 치료할 약의 원료를 프랑스로부터 들여와 고약을 만들었으며 이것을 무료로 나누어 주기도 했을 뿐만 아니라 그 비법을 신부님을 돕던 이명래(요한)에게 전수하기도 했다. 그때부터 이 약은 이명래고약 이라고 부르게 되었다고 한다. 나도 이 신비한 고약을 발라본 추억이 있다.
성당 한쪽엔 박해시대 때 처형당한 순교자들의 비가 있고 그들의 자취는 박물관으로 변한 사제관에 전시되어 있다. 350년을 넘긴 고목(보호수)들이 우리나라에서 가장 아름답다는 이 성당을 수호하고 있다. 성탄절을 앞둔 세상은 기쁨으로 충만하지만, 가까운 곳에 있는 어두움이라도 돌아보아야 할 때인 것 같다. 별안간 몇 해 전 임종조차 보이지 않고 성급히 하늘가신 아버지와, 병상의 어머니생각에 가슴 아리다. 가지 많은 늙은 팽나무를 바라보다가 이런 시가 생각났다.

아버지 안녕히 가세요.
인공호흡기를 뽑는 일에 동의 했어요.
병에 걸린 오골계의 똥구녕 같은
보름달이 떴어요.
회백색 분비물이
제 얼굴로 쏟아 지고 있어요.
아버지 그거 아세요, 오늘이 성탄 전야 라는 거
탄일종이 울리고 있어요.
끝으로, 제 남은 생의 모든 성탄절을 동봉하네요.
아버지 안녕히 가세요.

'친전' – 박성우

공세리 성당 : 충남 아산시 인주면 공세리 194-1 (041)533-8181

경기창작센터

　안산시 선감도에 위치한 경기창작센터는 국내 최대 규모를 자랑하는 예술레지던시로서 경기도립직업전문학교와 이전의 선감학원을 리모델링한 것이다. 선감학원은 일제강점기 조선총독부의 부랑아 감화시설로 설립했으나 이를 구실로 일제에 순응하는 군사양성소로 운영되었다.
해방 후 1982년 폐쇄될 때까지 40년을 그렇게 보냈다. 이 기간 수많은 소년이 인권유린과 혹독한 수용생활을 견디다 못해 바다에 빠져죽거나 구타와 영양실조로 사망하기도 했다. 빠삐용에 비견되는 한 서린 곳. 현재 36개의 협력스튜디오와 공방, 전시실, 교육공간 및 다목적 홀을 갖추었다. 상설전시실과 기획전시실 선감학원기록실 등이 눈길을 끈다. 지난 봄 후배 작가 이주영 아우와 고 최춘일 센터장을 찾아갔던 것이 엊그제 같다. 병마를 부둥켜안고 센터에서 발을 떼지 못하던 그는 그로부터 열흘을 견디지 못하고 이름처럼 봄날에 갔다.
갯바람이 차다.

경기창작센터 : 안산시 단원구 선감로 101-19

관촉사 석조미륵보살입상(은진미륵)

　머리는 크고 몸통은 짜리몽땅하여 비례가 맞지 않는 이 미륵불은 그로인해 국보가 되지못하고 보물218호라는 낮은 가치를 부여받았다. 고려광종 때 건립됐다고 추정할 뿐 미스터리다. 부처 앞에 서 있는 석등 또한 조형적으로 어색하고 불안정하여 보물 232호로 지정 되었다. 이런 양식은 미술사적으로도 불분명한 지역적 민화 풍을 띄고 있다. 공양을 올리기 위해 조성된 긴 형태의 석조불단 또한 낯설고 이색적이다. 그밖에도 석탑과 배례석(부처님에게 합장하고 예를 올리던 곳)과 석문 등이 제각기 독특하다. 학사모를 거꾸로 쓰고 있는 형상의 이 거대한 미륵보살상 앞에 새해의 다짐도 벌써 허물어진 게 많음을 자백한다. 강단치 못한 정신에 대한 죽비일까! 강추위가 귓불을 찢는다.

　경내 한쪽에 문화해설사가 있어 리플릿이나 얻을까하고 접근했다. 그녀는 문을 빠끔히 열더니 리플릿만 주고 이내 문을 닫는다. 뭘 물어볼까 하다가 그만 둔건 잘했다. 리플릿을 받아든 손이 얼어붙어 곧았다. 세월은 가고 부실한 다짐만 부도 수표처럼 날린다.

신약을 복용하듯 결의를 다지고 반복해서 파기하고 덮어버리고. 이러다가 종말을 맞을 것이다. '우물쭈물하다가 내 이럴 줄 알았어!'라고 한 쇼펜하우어의 묘비명처럼 현실적으로.인생을 간소하게 절약하며 살아야지. 최소한의 절박한 것을 실행하고 무리하지 않게. 신년계획을 소규모로 재설계한다. 이런 시처럼.

> 식빵가루를
> 비둘기처럼 찍어먹고
> 소규모로 살아갔다.
> 크리스마스에도 우리는 간신히 팔짱을 끼고
> 봄에는 조금씩 인색해지고
> 낙엽이 지면
> 생명보험을 해지했다.
> 내일이 사라지자
> 모레가 황홀해졌다.
> …
> 우리는 하루 종일
> 펭귄의 식량을 축내고
> 북극곰의 꿈을 생산했다.
> 우리의 인생이 간소해지자
> 달콤한 빵처럼
> 도시가 부풀어 올랐다.
>
> '소규모 인생 계획' - 이장욱

관촉사 : 충남 논산시 관촉동 254 (041)736-5700~1

괭이부리마을

　수집한 폐지를 손수레에 싣고 있던 할머니에게 괭이부리마을을 물었다. 휜 허리를 세우며 내말을 겨우 접수하더니 얼굴을 찌푸린 채 고개 젓는다. 이곳 사람들은 대체적으로 무슨 9번지니 18번지니 하며 쪽방촌을 암시했다. 부두에서 불어오는 삭풍 끝에 가까스로 찾은 마을은 상상을 초월했다. 외부는 그런대로 허름한 일본식건물이 영화세트장처럼 나열되었으나 두 사람이 겨우 지나칠만한 쪽방 골목은 놀라웠다. 소리 없이 목숨을 앗아가던 연탄가스가 양철 굴뚝 사이로 하얀 부스럼을 만들었다. 무거워 보이는 머리가 무릎에 닿을 듯 쇠진한 노인들이 방에 달린 부엌으로 모습을 보이다가 홀연 사라진다. 귀로에 달동네박물관 구멍가게에서 만화를 보며 자야 한 봉지를 부스러뜨려 먹었다. 아스라한 추억이 짭짤한 콧물처럼 입술로 흘러내렸다.

부두 쪽에도 쪽방들이 많았다. 좁디좁은 골목에 양철굴뚝이 있고 연탄가스가 먼 마을 저녁연기처럼 새어나왔다. 산다는 것은 모락모락 연기를 피어 올리는 것, 따뜻한 체온을 잃지 않는 것. 커다란 공장으로부터 황량한 바람이 휘몰아쳤다. 혹독한 날들이 차가운 바닷바람으로부터 밀려온다. 쪽방들은 죽음처럼 부동자세다. 가혹한 세파에 굳게 문을 잠그고, 숨을 멎은 채. 나는 문득 이런 시를 떠올렸다.

보다 혹독한 날들이 다가오고 있다.
판결의 파기로 유예된 시간이 지평선에 보이게 되리라.
이제 곧 그대는 구두끈을 조여매고 개들을 늪지로 쫓아버려야 한다.
물고기의 내장들은 바람을 맞아 차갑게 식어버렸으니

소라하게 루우핀의 빛이 타오르고 있다.
그대의 시선이 안개 속에 궤적을 남기니, 판결의 파기로 유예된
시간이 지평선에서 보이게 되리라.

'유예된 시간' 중에서 – 잉게보르크 바흐만

괭이부리마을(일명 아카사키촌)이 현지주택개량과 도시형생활주택의 혼합형 환경개선사업을 할 것이라고 한다. 보금자리주택은 원주민이 모두 입주할 계획이라고 하며 무엇보다 주민의 의견을 행정관청이 따르고 시행하는 방식이어서 믿음이 간다.

괭이부리마을 : 인천광역시 동구 만석동 주민자치센터 만석동 18-4 (032)770-5760

정감 있는 동네, 교동 옛길, 향교로

교동은 고려 조선시대에 향교가 있던 유서 깊은 동네를 일컫는다. 내가 30년 넘게 살아온 수원의 교동도 향교가 있고 예전엔 시청과 시민회관, 보건소, 문화원, 도서관 등을 곁에 둔 문화 행정의 중심지였다. 시청이 신도시로 떠나면서 인쇄골목도 활기를 잃었고 빈 가게들이 많아졌지만, 이 거리는 여전히 오랜 친구 같은 정감이 있다. 춘천막국수집 할머니는 30년 넘게 이 집을 지켜냈고 대를 이은 아들을 돕고 있다. 요즘은 메밀 면을 말리는 일과 식대 받는 일을 하고 계신다. 이집의 할머니와 아들은 늘 말이 없다. 불친절하다기 보다 최소한의 말만 하는 태생적 습성인 것 같다. 막국수도 별다른 양념고명이 없고 계란 반쪽과 무 피클, 오이채 몇 가닥이 전부다. 하지만 담백한 육수 맛에 길들여진 단골들로 항상 붐비는데 여름날 점심시간은 줄을 서야 할 때가 많다. 구수한 메밀 삶은 물을 마시며 퇴색한 식탁에 기대 앉아 적당히 지루한 시간을 삭인다.
선풍기가 삐걱대며 힘겹게 돌아가고 육수와 함께 밑반찬이 나오면 머잖아 막국수가 나온다. 식사를 기다리는 평온감은 삶의 가장 중요한 의례이며 낙일 것이다. 창포 꽃 피는 유월이 올 때 붓을 거둔다. 4년을 산 찾아 물따라 걸었다. 성원해준 경기일보 독자들이 벌써 그립다.

어디서 무엇이 되어 다시 만나랴!

춘천메밀막국수 : 수원시 팔달구 교동 23 (031)242-6667

오래된 예배당 금산교회

옛 김제 지역은 민족 정서가 강한 종교와 사상의 통로였다. 또한 유곽을 지난 길손이 서울 가는 재를 넘던 통행의 요지였다니 얼마나 번성했던 곳이었나를 짐작할 수 있는 것이다. 금산 교회는 1905년 전주에서 온 미국선교사 테이트 최의덕(L.B Tate)이 설립했으며 조덕삼, 이자익, 박희서 등을 전도하였고 조덕삼의 사랑채에서 예배를 드렸다고 한다. 이후 신도가 늘어 1908년 이씨 문중의 재실을 뜯어 지금의 자리에 옮겨지은 것이다.

기와 담장도 단아하지만 목조 종탑은 새로 지은 붉은 탑에 비해 고풍스럽고 아름답다. ㄱ자형 예배당은 남녀를 분리시킨 구조인데 여자들은 커튼에 가려진 채 예배를 보았다고 한다. 남자들의 예배당 대들보엔 한문으로, 여자의 대들보엔 한글로 성경구절이 씌어 있다. 이는 남녀유별, 특히 남성 우위의 미묘한 권위가 엿보이는 장면이 아닐 수 없다. 예배당의 풍금은 소리를 잊은 채 엄숙하고, 뒤란의 두레박은 우물에 잠긴 채 아직 깊은 세월의 끈을 놓치지 않고 있다. 여자 석 상량문에는 고린도 전서의 한 구절이 아래와 같이 한글로 씌어있었다.

"너희가 하나님의 성전인 것과 하나님의 성령이 너희 안에 거하시는 것을 알지 못하느뇨. 누구든지 하나님의 성진을 더립히면 하나님이 그 사람을 멸하시리라. 하나님의 성전은 거룩하니 너희도 그러하니라"

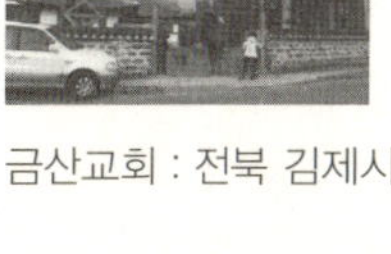

금산교회 : 전북 김제시 금산면 금산리 290-1 (063)548-4055

나바위 성당에서 - 첫 마음을 열며

사제가 되어 중국을 건너온 김대건 신부께서 첫 발자국을 남기신 곳. 그의 순교비가 화산위에 우뚝 서서 하늘을 응시하고 있다. 아름다운 기와지붕에 고딕식 종탑이 고혹적이다. 성당을 만든 프랑스신부들의 첫 손길이 터전이 된 것은, 화산중턱에 잠든 소세신부의 무덤에서 확인할 수 있다. 이 성당은 1897년 파리외방전교회 소속 베르모렐(장약실)초대 신부가 군산과 강경지역에 천주교신자가 늘어나자 10년 뒤인 1906년 성당을 설립하여 1907년 완성하였다. 처음 흙벽돌에 목조 건물이었던 것을 1916년 붉은 벽돌로 바꾸고 앞면은 고딕양식의 3층 수직종탑과 아치형 출입구로 꾸민 전통 목조 한옥형태이다. 또한 지붕은 2개의 층으로 올려 졌고 팔패를 상징하는 팔각채광장이 한지로 씌워져 사방으로 빛을 받아들이고 있다. 무엇보다 긴 회랑이 있어 한국적인 공간미를 느낄 수 있다.

기차를 타고 강경역에 내려 전방으로 곧장 가면 좌측에 간이 버스정류장이 나온다. 버스를 타고 10분쯤 가면 스피커에서 나바위 성당이라고 안내 방송을 한다. 우측언덕에 기와지붕이 길게 입혀진 성당이 보인다. 화산위의 망금정과 한옥으로 된 사제관도 독특하고 아름답다. 첫길을 내기란 어렵다. 시의 첫줄처럼, 그것을 이룬다면 나머지는 저절로 풀려질 것. 새해벽두, 여명을 여는 시 한편으로 첫 마음을 연다. 이런 시처럼.

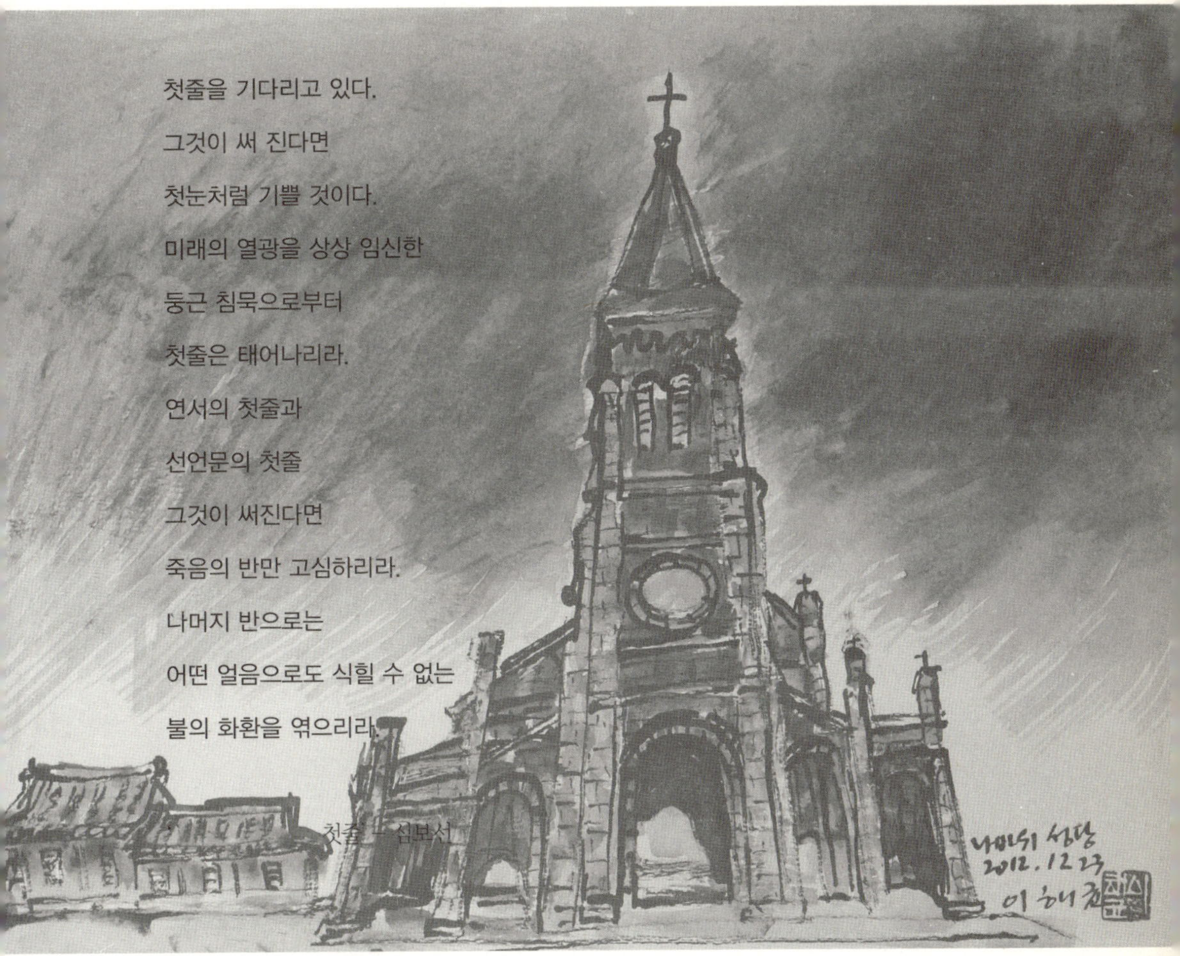

첫줄을 기다리고 있다.

그것이 써 진다면

첫눈처럼 기쁠 것이다.

미래의 열광을 상상 임신한

둥근 침묵으로부터

첫줄은 태어나리라.

연서의 첫줄과

선언문의 첫줄

그것이 써진다면

죽음의 반만 고심하리라.

나머지 반으로는

어떤 얼음으로도 식힐 수 없는

불의 화환을 엮으리라.

나바위 성당(사적318호) : 전북 익산시 망성면 화산리 1158-52 (망성면 나바위1길) (063)861-8182
가는 길 : 강경버스정류장에서 버스 333, 50, 50-1 (10분)

남한산성 행궁

남한산성 자락에 널따란 후원을 거느린 행궁이 있다. 임금이 궁궐을 떠나 도성 밖으로 행차할 때 임시거처로 사용하기 위한 것이 행궁이지만 남한산성 행궁은 1626년 전란이나 내란등 유사시 후방의 지원군이 도착할 때 까지 도성의 궁궐을 대신할 피난처로 사용하기 위해 건립되었다. 인조는 1632년 병자호란이 발생하자 남한산성으로 피난하여 47일간 항전하기도 했으며, 우리나라 행궁 중 종묘와 사직을 둔 유일한 행궁으로 임시수도의 역할을 수행한 곳이기도 하다.

세계문화유산에 등재된 이 고즈넉한 궁전은 보호수로 지정된 멋진 느티나무들이 궁궐안팎에서 호위병처럼 서 있어 운치를 더하고 있다. 그러나 압록강을 건너 온 청태종에게 47일을 넘기지 못하고 남한산성을 내려와 삼전도까지 가서 항복한 인조, 그것도 3번 절하고 아홉 번 머리를 조아리는 예를 강요받았다니 얼마나 치욕적인가!
또 다른 수모는 왕의 목숨을 살려준 청태종에게 감사하다는 비(삼전도비) 까지 세워야 했다니 병자호란은 지우고 싶은 통한의 역사다. 심양으로 끌려간 삼학사들이 회유를 뿌리치고 충절을 지키다가 결국 목숨을 잃은 뼈아픈 역사는 더욱 비탄하다. 치욕을 당하느니 차라리 죽음을 택할 수밖에 없는 이유와 그래도 살아야하는 이유는 어떤 가치로 회답할 수 있을까?

삼학사가 보여준 민족적 자존감의 가치와 왕의 죽음이 곧 나라의 멸망이라는 자위적 수단으로 해석된다면 그 태도는 극명한 차이를 보여주는 대목일 것이다. 새해를 맞은 지 엊그저께 같은데 벌써 달력 두 장이 바람난 봄 처녀처럼 떠나갔다. 행궁 앞 식당에서 잡채 비빔밥에 곡주 한잔 들이킨다. 빈 방의 일월오봉도가 무척 을씨년했다. 청나라 병졸 무엄하던 그 날의 하늘빛처럼.

남한산성 : 경기도 광주시 중부면 남한산성로 784-16

남해 금산 해돋이

  올해 일출을 이곳에서 보기로 한 건 잘한 것 같다. 강추위에 긴장했으나 어둡고 가파른 새벽 산을 오르느라 진땀이 날 지경이다. 올빼미 눈알 같은 쌍홍문을 지날 때 먼동이 텄다. 신비로운 석문 밖으로 나서자 보리암이 나타났다. 군상들이 암자의 난간과 바위에 붙어 서서 일출을 기다렸다. 부처 앞에 무릎 꿇고 기도하는 사람들 뒤로 바다는 조그만 섬들을 띄워 놓은 채 고요히 파닥인다. 이윽고 대망의 붉은 해가 떠올랐다. 환호성이 터진다. '올해는~'으로 시작되는 수많은 기도들이 제각기 허공으로 피어오른다.

  좀 더 멋진 광경을 보려 금산정상으로 치달았다가 다시 사랑 잃는 상사바위에 올랐다. 산 아래 미조항 위로 이런 시 한 편 띄운다. 그리고 '상처받고 응시하고 꿈꾼다.' 라는 최승자 시인의 시를 올해의 지표처럼 마음 벽에 걸었다. '내일의 불확실한 희망보다는 오늘의 확실한 절망을 믿는다.' 라는 다소 비장한 비꼬임 같은. 사람을 자주 기절시키고 물구나무 시키는 헷갈림이 있지만 냉탕과 온탕을 반복하다가 가끔 개운해 지는 느낌. 뭔지 모를 고상함. 내 앞에 놓인 불투명한 날들에 대한 우문 같은.

남해금산 보리암 : 경남 남해군 상주면 (055)862-6115, 6500

한 여자 물속에 돌 속에 묻혀있었네.
그 여자 사랑에 나도 돌 속에 들어갔네.
어느 여름 비 많이 오고
그 여자 울면서 돌 속에서 떠나갔네.
떠나가는 그 여자 해와 달이 끌어주었네.
남해 금산 푸른 하늘가에 나 혼자 있네.
남해 금산 푸른 바닷물 속에 나 혼자 잠기네.

'남해금산'- 이성복

이 영원불멸의 초월적 사랑에 나의 퇴화된 사랑도 남해금산 바다 속으로 가 없이 침잠 한다. 사랑은 가장 높은 곳으로 승천하던가, 심해로 잠겨버리는 닿을 수 없는 이별이 되는 것. 무상하고도 애틋한 사랑, 서로 사랑하면서도 끝내 헤어지는 인생은 그 자체가 모순인가? 선악과를 따먹다가 해체된 자연인이 된 이후.

박물관이 있는 시골풍경

　구부렁한 시골길의 소실점 끝에 외딴 집 몇 채가 웅크리고 있다. 논두렁에 갇힌 벼도 밭이랑에 줄서 앉은 콩도 노랗게 영근다. 향리인 이곳에 대학 강단을 내려놓은 소설가 이재인 교수께서 친히 이룬 한국문인 인장박물관이 있다. 언덕 따라 세워진 시비의 시혼도 웅혼하고, 유명문인들의 분신과도 같은 인장의 채취는 규방의 향기처럼 고이 머물렀다. 낯선 손님의 방문에 강아지가 발목에 달라붙어 꼬리를 사정없이 흔들어댄다, 암탉들은 따스한 온기가 남아있는 달걀 몇 개를 풀 섶에 낳아놓고 나그네에게 시선을 멈춘다. 정 많은 관장님은 식사대접이라도 하겠다며 인근의 광시 한우식당으로 안내했다. 이곳의 버섯전골은 느타리, 팽이 버섯과 한우고기가 듬뿍 들어 간 구수한 맛인데, 싱싱한 간과 천엽, 지라, 그리고 귀한 육회가 덤으로 나온다. 광시한우는 한우중의 한우다.
막걸리한잔 기울일 때 벽에 걸린 관장님의 '곶감이 있는 겨울 풍경'이란 시가 격을 높였다. 다소 어색한 한우집의 시 한 편이 분위기 있는 카페를 가장하여 조용히 탐미하고 있다. 내포의 들녘위에 비수처럼 시퍼런 가을 하늘이 걸린 오후.

호랑이보다 무서운 욕망의 덩어리
그대 애인 담 너머 외등이었지.

　　　　　　　　　　　　'곶감이 있는 겨울 풍경' 중에서 – 이재인

　청양과 홍성을 마주한 예산의 광시면 운산리는 전형적인 시골 마을이었다. 들 가득 무르익는 곡식. 그런데 적막하다. 저렇게 풍성한 곡식들을 가꾼 사람들은 다 어디 있을까? 광시는 피천득 선생이 태어난 외가마을이라고 한다. 인연이라는 선생의 수필제목처럼 나는 그 어떤 인연으로 이 마을을 오게 되었을까? 신작로 양쪽으로 예산 처녀의 볼 같이 익어가는 사과를 '사각!' 한입 깨물었다. 달콤새콤한 초가을 맛이 온몸으로 퍼져온다.

한국문인 인장박물관 : 충남 예산군 광시면 운산리 256-2 (041)332-0682

노동당사

백마고지를 지나 도피안사 가는 길가에 그리스 신전 같은 폐허의 구조물하나가 섬떡하게 다가왔다.
이념의 푯대가 된 뼈만 남은 건물은 광복 이듬해 새워진 것이라고 한다. 일제치하에서 간신히 건져낸 산천을 외세의 신탁에 스스로 동강 내어 동족상잔을 감행한 증거물이다. 지금도 진행 중인 개성공단의 폭거는 이념이 민족성을 사멸케 하는 뼈아픈 과오의 소산이 되고 있는 것이다. 6.25 전엔 철원군 노동 당사였으나 미군폭격에 소멸된 철원에서 유일하게 남아있는 이 러시아식 건물은 얼마나 튼튼하게 지어진 계획건물인지를 짐작할 수 있다. 전쟁의 상흔이 근대문화유산이 되는 아이러니는 아직도 해법을 찾지 못한 채 의식의 분열을 가중시킨다.

이데올로기라는 무서운 정신의 분단, 무상이 무괴無愧로 전환되는 순간의 절벽 앞에 가슴 치며 개탄한다. 가로수를 대신한 노변의 황무지가 연둣빛으로 물든 찬란한
신록의 봄, 드넓은 철원평야를 지나며…….

노동당사(근대문화유산등록문화재 제22호) : 강원도 철원군 철원읍 금강산로 265 (관전리3-2)

답동성당

  이 성당은 1889년 프랑스외방선교회 빌헬름이 초대신부로 부임하면서 답동 언덕에 임시성당의 정초식을 갖고 창설되었다. 1890년대에 건축된 성당중 성공회 강화성당 등과 더불어 가장 오래된 서양식 근대건축물의 하나로 1981년 사적 제 287호로 지정된 성당이다. 코스트 신부가 설계했으며 1897년 고딕양식으로 세워졌으나, 현재의 건물은 1937년 시질레 신부의 설계로 개축하면서 로마네스크 양식으로 변형된 것이다. 이 성당의 백미는 다양한 건축양식이 혼재된 후면이다. 후문 쪽 옆 건물의 3층쯤에서 내려다보면 현란한 광경을 미학적으로 감상할 수 있다. 예배당 안에서 한 쌍의 청춘이 혼례를 올리고 있었다. 스탠드글라스 창에서 쏟아지는 은은한 빛을 받은 신랑 신부는 일생의 단 한번 가장 성스러운 순간을 마주했다. 알랭드 보통은 〈미술은 경험을 보존하는 방식〉이라고 했다. 서양건축 양식이 동양의 이곳까지 옮겨온 변증이다. 3개의 종탑과 장미꽃 모양의 창, 붉은 벽돌이 받드는 이채로운 지붕, 모두가 옛 향기로 가득하다. 발길이 만두냄새 구수한 신포시장으로 옮겨간다.

시간은 평등하게 소멸되었다. 빛이 내리고 바람이 분다는 일기가 지역적으로 불평등했을 뿐. 나는 봄을 물리적으로 그리지 않았다. 무의식적인 영혼의 지시를 마음으로 수행했을 뿐이다.

봄은 이미 떠날 채비를 하고 있다. 나는 거창하게 시 한 번 쓰지 못하고 졸렬하게 떠나는 바람위에 쓴다. 하이네의 봄밤이 나의 봄밤이다. 그의 시는 머물지 못하고 오래전 내게 스쳐간 시였다. 주인 없는 봄. 너와 내가 쓴 봄 시가 어찌 보면 동일한 내재율을 가지고 있을 것이다. 신포시장에서 만두를 먹고 버스에 올랐다.

차창에 옮겨지는 건물 속사람들이 나의 창에 어른거리는 그들의 모습을 반추하고 있다. 문득 이런 시가 생각났다.

> 시흥에서 소사 가는 길,
> 잠시 신호에 걸려 버스가 멈췄을 때
> 건너 다방 유리에 내 얼굴 비쳤다.
>
> 내 얼굴 속에서 손톱을 다듬는 앳된 여자
> 머리위엔 기왓이 있고 그 위엔
> 한줌 비행기 지나간 흔적
>
> 햇살이 비듬처럼 내리는 오후,
> 차창에도 다방 풍경이 비쳤을 터이니...
>
> 나도 그녀의 얼굴 속에 앉아
> 마른 표정을 다듬고 있었을 것이다.
>
> 그렇게 당신과 나는, 겹쳐져 있었다.
>
> 머리위로 바둑돌이 놓여지고 그 위로
> 비행기가 지나가는 줄도 모르고
>
> 소사 가는 길, 잠시 – 신용목

답동성당 : 인천광역시 중구 우현로 50번지 2(답동3-3), (032)762-7613

덕수궁 돌담길

 반납한 청춘은 가슴 저린 아무런 긴장감도 없지만 차라리 홀가분하다. 하지만 이 길을 걷다가 헤어질지라도 함께 걸을 누군가가 있어봤으면 좋으리. 비운의 덕수궁은 왕을 잃고, 왕비를 잃고, 주인을 잃어 비워진 채 쓸쓸함으로 가득했다.

덕수궁 돌담길이 아름다운 건 기구한 소용돌이의 역사에도 고궁의 향기를 잃지 않고 있기 때문일 것이다. 작지만 크고 팠던 대한제국의 왕은, 이 땅에 풀뿌리처럼 살아온 지난한 백성들의 끄나풀이 되지못한 채 이 궁에서 힘없이 떨었지만 말이다. ─돌담길에서 달고나를 파는 노부부도 이곳에선 외롭지 않고, 5,60년대 영화 포스터를 내걸고 호박엿을 파는 아저씨도 정겹다.
조그만 정동교회의 옛 향기는 은행잎처럼 따뜻하고, 파란 하늘이 바다처럼 걸려있는 언덕 위 러시아공사관의 하얀 탑도 그지없이 아름답다.

아! 나는 아관파천의 슬픈 길을 내려와 단풍잎 쌓여 흩어지는 정동길을 혼자 걷는다. 이런 노래를 속으로 부르며.

이제 모두 세월 따라 흔적도 없이 변하였지만
덕수궁 돌담길엔 아직 남아 있어요
다정히 걸어가는 연인들

언젠가는 우리 모두 세월을 따라 떠나가지만
언덕 밑 정동길엔 아직 남아 있어요
눈 덮인 조그만 교회당

향긋한 오월의 꽃향기가 가슴깊이 그리워지면
눈 내린 광화문 네거리 이곳에
이렇게 다시 찾아와요.

덕수궁 돌담길 : 서울시 중구 세종대로 101

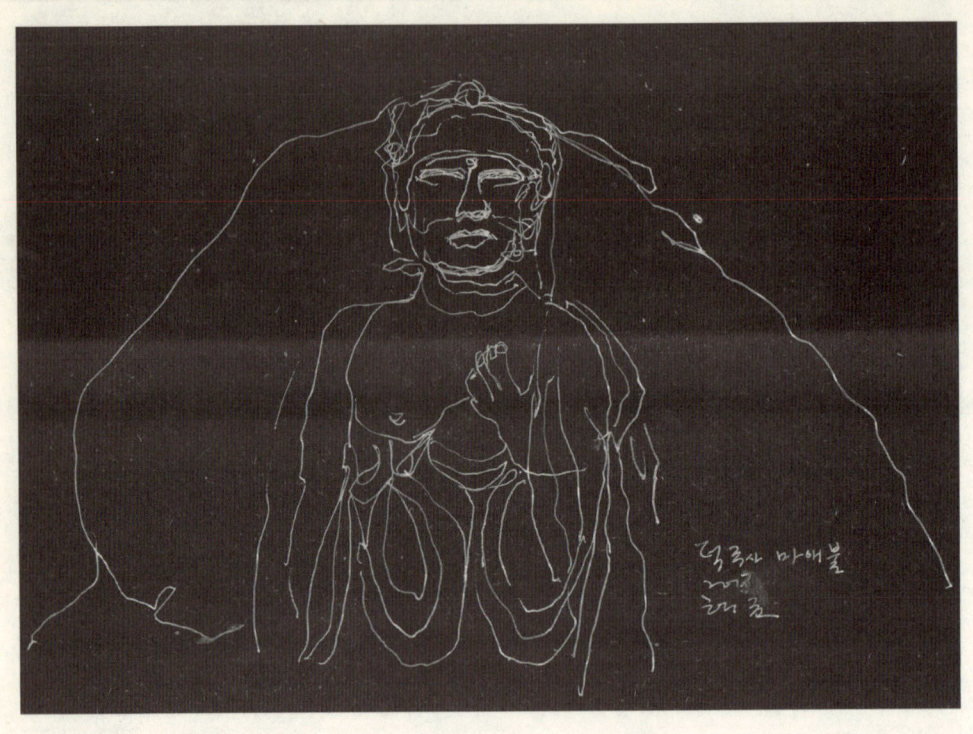

덕주사마애불(보물406호)

　오솔길의 낙엽은 가을의 잔해로 남아 바람이 불때마다 철새 떼처럼 일시에 비상했다. 그런 가을도 문을 닫았다. 숲속은 앙상한 가지가 뒤엉킨 채 치열하다. 밭배나무, 쪽동백, 대팻집나무, 비목, 다릅나무, 노린재나무, 물푸레나무, 굴참나무, 졸참나무, 고염나무 까지 모든 나무들은 잎을 털어낸 채 겨울을 견뎌낼 준비를 마쳤다. 항몽유적지, 덕주산성의 돌무지들도 서로를 꿰어 안은 채 삭풍을 정면으로 받아친다.

가파른 월악산 영봉을 바람처럼 헤집는 멸종위기 야생동물1급 (천연기념물 217호)산양은 어디 있을까?
북두칠성 별빛 떨어지는 온화한 곳에 덕주사 마애불이 나그네를 굽어본다. 천년 신라가 멸망한 뒤 국권을 회복하려던 마애태자는 꿈 속에서 신의계시를 받는다. 그래서 누이동생 덕주공주와 함께 불사를 하고 이곳에 마애불을 세웠다. 세월은 가고 그들의 꿈만 자애로운 표정으로 남았다.
마애태자의 꿈이 언제까지 전해질까?

세월은 아무런 예견을 허용치 않은 채 무상하게 흘러간다.

덕주사마애불 : 충북제천시 한수면 송계리 (043)653-1773

도담삼봉

　시간의 풍화는 온갖 사유의 무늬를 지운다. 눈보라 비바람이 발자국을 지우듯, 시간은 강철이든 무쇠든 용광로처럼 삼킨다. 낙엽 쌓인 땅에 다시 흰 눈이 덮였다. 도담삼봉은 조선의 선비들이 풍류를 즐기던 곳. 퇴계와 추사와 단원이 이 풍경을 심중에 담아 글과 그림으로 남겼다. 정도전은 그의 삼봉이라는 호까지 이곳에서 취했다고 한다. 아들을 얻기 위해 첩을 들인 남편봉우리의 좌우로 첩봉과 처봉이 균형을 이루고 있는데 삐져 돌아앉은 처봉의 형상은 의미만으로도 웃음이 난다.

기실은 속이 뒤집어져 피를 끓이고 있겠지만 말이다.

무엇보다 이곳의 안내판에 걸린 김홍도의 도담삼봉은 눈 덮인 남한강과 멀리 운무에 뒤덮인 산 사이의 선경을 긴장감 있게 표현한 것 같다. 가끔 이런 절경의 심취는 인생을 간소하게 살게 하는 회유가 된다. 저곳 강가에서 고기나 잡으며 살고픈. 인생무상은 버리고 살아야할 허무한 결핍이어야 할 것 같다.

그런데 내 인생의 행복했던 순간은 언제였을까? 나는 문득 간소한 인생의 간결한 시 한토막을 생각해 냈다.

내가

행복했던 곳으로 가 주세요.

택시 - 박지웅

도담삼봉(명승44호) : 충북 담양군 담양읍 도담리

도동서원

　낙동강이 내다보이는 양명한 곳에 우리나라 5대 서원의 하나인 도동서원이 자리하고 있다.
동방 오현의 수현으로 문묘에 종사된 환원당 김굉필을 배현하는 서원이다. 이황은 환원당을 동방도학지종이라 칭송했다. 이는 공자의 도가 동쪽으로 넘어왔다는 의미이니 김굉필의 고매함을 입증하는 증언이다. 서원 재건 때 심은 400년 은행나무는 제 무게에 주저앉아 인공 부목의 부축을 받고 있으나 아직 기운찬 잎들로 무성히 생장하고 있다. 좁은 계단으로 오르는 나지막한 환주문은 이 서원의 백미이다. 자기를 낮추고 내 마음의 주인을 부른다는 것. 문턱의 꽃봉오리 장식이며 추녀 끝의 문양, 무엇보다 양옆으로 둘러쳐진 토담은 전국최초로 보물로 지정된 아름다운 흙담이다.
깅딩 기단에 배치된 동물들도 익미 있지만 돌들의 빈틈없는 짜임새는 잉카의 성벽을 연상케 하는 조형미의 극치다. 도동서원을 비롯한 한국의 9대 서원이 유네스코 목록에 잠정 등제되었다고 한다.

도동서원 : 대구시 달성군 구지면 구지서로 726 (053)-668-2000

도산서당과 매화

 좀처럼 올 것 같지 않던 봄이 어느새 개나리 진달래꽃 피워놓고 꽃 대궐을 이뤘다. 죽령너머 먼 영남 안동 땅은 인의예지仁義禮智가 바른 선비의 땅이다.
 길가의 산수유 꽃이 노란웃음으로 반긴다. 도산서당은 움 솟는 모란과 퇴계 선생이 분신처럼 사랑했던 매화꽃을 하얗게 피워놓고 상춘객을 맞았다. 선생의 유언이 〈매화분에 물 주어라〉였다니 저 세상에서도 매화를 그리워하고 계실 것이다.
 초가삼간이라 했던가. 퇴계서당은 방 한간, 부엌 한 간, 마룻방 한 간, 전형적인 삼간 구조다. 이 단출한 집하나 짖는데 4년이나 걸렸다니 선생의 무욕을 단적으로 대변하고 있는 것이다. 퇴계선생이 매화, 국화, 대나무, 소나무 등을 정성으로 가꿔 심은 화단 절우사(節友社)는 화려한 서원의 뜰에 핀 꽃들보다 빈약하지만 따뜻한 기슭에서 자연과의 조화를 이루고 있다. 강 건너 시사단試士壇에도 봄이 피어올랐다. 정조께서 퇴계선생의 학덕과 업적을 기리기 위해 제사를 지내게 하고 과거를 실시하게 했던 곳이다.

도산서원 : 경북 안동시 도산면 도산서원 길 154(토계리680) (054)856-1073
안동찜닭 : 경북 안동시 번영1길 47 (안동구시장내) (054)855-8903

    과거시험에 7000명이 응시 하였다니 놀라운 일이다. 그러나 과거시험을 보던 그때의 송림은 안동댐 건설로 수몰되었고 비각과 비석만이 높은 단위에 옮겨져 고고히 세상 풍정을 굽어보았다. 단 반대편 들판에 회색 대열을 이루고 있는 인삼밭 지붕들도 아름답고 낙동강물은 부드럽게 풀려 맑게 흐른다.
아, 도산서원의 매화를 보았으니 이 봄의 모든 꽃을 다본 것보다 충만하다. 매화는 봄의 미학이다.

    도산서원의 버스는 하루에 두세 번 왕복하는 듯 하여 돌아오는 차를 타려고 안간힘으로 뛰었던 추억이 있다. 안동시장에서 맛 본 안동찜닭도 잊을 수 없는 맛이었다. 식당 앞에서 찜닭 요리하는 모습을 바라보던 시간이 더 좋았다.

도피안사 철조비로사나불좌상

　신라 경문왕5년 도선대사가 향도 천 여명을 거느리고 산수 좋은 곳을 찾던 중 피안과 같은 이곳에 이르렀다고 한다. 이때 안양사에 모시려던 비로자니불이 사라져 찾고 있었는데 그 부처가 이곳에 앉아있어 도피안사를 창건하여 모시게 된 것이라고 한다. 철불 비로자나 불좌상과 함께 보물223호 삼층석탑이 있다. 이곳을 찾았을 때는 대광숙전을 해체 복원 공사 중이어서 철조 비로사나좌상은 천막 속에서 임시로 모셔져 있었다. 검은 철조가 인상적이며 백성들의 현몽을 받아 제작되었듯이 순수한 모습은 도나텔로의 다윗 상처럼 과장되지 않은 모습과 대좌까지 철조로 이루어진 것이 특색이다. 1898년 조선 광무 7년 재화를 입어 재건했으나 6,25동란으로 완전 소실되었다. 이후 육군에서 복원 관리해오다가 민관으로 이관된 것을 정부지원으로 개축 복원한 것이다.
　한번뿐인 인생 뭐 있냐고, 생업을 담보로 술 퍼먹고, 누군가의 피 파먹고, 위태롭게 불혹의 강을 건너왔다. 전란에 불타버린 신라고찰도피안사에 와서 실패한 불혹과 불혹이후의 삶에 대한 반성문을 전설처럼 살아남은 국보35호 비로사나불전에 올린다. 참회마저 형식의 업보가 되는 그늘진 봄날, 나는 문득 이런 시를 떠올렸다.

도피안사 : 강원도 철원군 동승읍 관우리 450 (033)455-2471

절대로 뒤를 돌아보지 말 것.
넘어지더라도 일어서서 다시 앞으로 갈 것.
꽃, 나무, 바다, 하늘, 애인, 햇살 같은
희망적인 어휘는 버리고,

침묵, 허무, 술잔, 절망, 이별, 권태 같은
쓸쓸한 어휘에 익숙해 질 것.
어깨는 바로 펴고 시선은 전방을
향한 채걸을 것.

닳은 구두 뒤축을 탓하지 말고,
한 벌 뿐인 양복을 탓하지 말고,
양심을 탓하지 말고,
빈주머니를 탓하지 말고 가급적
큰 소리로 웃을 것.

그러다가 불면에 잠 못 이루고 남몰래
술잔을 기울이는 밤이면
그때는 뒤를 돌아다볼 것.

'불혹' - 김세완

만해기념관에서

바람도 없는 공중에 수직의 파문을 내이며,
고요히 떨어지는 오동잎은 누구의 발자취입니까?

칸트의 님이 철학이라던 모든 님들의 보호자. 계수나무 베어내고 무궁화를 심겠다던 만해를 접견하고 시와 사상과 종교와 민족혼을 깨운다. 수직의 파문을 가르고 묵직한 파열음을 내는 오동잎 같은. 알 수 없는 것을 형용하지 못한 채, 그래서 무너지는 가을이 시월의 마지막으로 치닫는 것을 바라만 볼 뿐. 아, 나의님은 어디로 갔는가. 나는 당신을 사랑하고 당신의 행복을 사랑한다던 만해의 영원한 행복을 기리며, 남한산성 행궁 뒤, 님의 기념관에서 한용운 선생을 배알하고 돌아서는 〈이별은 미美의 창조요, 미는 이별의 창조〉라는 알 수 없는 사유의 가을.

만해기념관 : 경기도 광주시 중부면 산상리 남한산성로 792 (24-7)

맹씨행단 孟氏杏壇

　벌써 눈부신 서설이 겨울을 재촉하는 즈음, 강호사시사의 맹사성 고택을 찾았다. 오래된 느티나무 가지에 흰눈이 곡선을 그리고 있다. 맹사성이 심었다는 600년 은행나무는 그의 청백리 정신처럼 오늘도 곧게 섰다.

행단杏壇은 은행나무의 지칭 외에도 후학을 가르치며 공부하던 곳이라는 의미이기도 하다. 무엇보다 최영장군이 살던 맹씨 고택은 가장 오래된 민간인의 집이라는데 가치를 두지만, 장군이 맹사성을 어릴 때부터 눈여겨 오다가 손녀사위로 들인 후 이 집을 물려주었다는 유래도 뜻 깊다. 소타기를 즐겼고 옥피리를 만들어 불었다는 맹사성의 소박함은 대 학자다운 풍류가 느껴진다. 그는 시문에 능하고 음률도 밝아 향악을 정리하기도 했다고 한다.

효심도 깊어 부모의 병간을 위해 수없이 관직을 물리치려 했지만 실패하였다니 황희와 더불어 조선 초기 가장 중요한 정치가의 한 사람이었음이 분명하다.

살을 에는 엄동설한 맹씨행단은 더욱 고매하다.

맹씨행단 : 충남 아산시 배방면 중리 300 (041)540-2069

강호(江湖)에 봄이 드니 미친 흥(興)이 절로 난다.

탁료계변(濁醪溪邊)에 금린어(金鱗魚) 안주로다.

이 몸이 한가(閑暇)해옴도 역군은(亦君恩)이 샷다.

강호사시사 - 맹사성

명성황후 생가에서

　장마 후의 폭염은 대원군의 서슬처럼 독이 올랐다. 그의 정적이기도 했던 명성황후의 명석한 예지도 만만찮았으리. 황후의 생가는 아담한 ㅁ자 구조로 똬리를 틀었다. 문득 건청궁의 비사가 상상을 당겨온다. 기념관에는 황후를 살해한 흉악한 일본도가 복제되어 있었다. '늙은 여우를 단칼에 찔렀다.' 라는 글귀가 새겨진. 황후는 단순히 칼에 맞아 절명한 것이 아니라 오만불손한 방법으로 능욕을 당한 후 처참하게 죽여 불태워진 의혹이 있다니 더욱 놀라운 일이다.

광복절을 앞둔 이 시점에 일본은 반성은커녕 아직 제국주의의 만행을 호도하고 있다. 바람 앞의 등불 같았던 역사를 지우는 건 국력을 배양하는 것이리. 황후와 더불어 인현 왕후를 탄생시킨 감고당 앞에 한 무리 일본관광객들이 뻔뻔하게 지껄이며 기념사진을 찍고 있다. 세모시 옥색치마 같은 파란 하늘에 흰 구름 떠가는 성하의 하오에.

명성황후생가 : 경기도 여주군 여주읍 능현리 250-2 (031)880-4021

물향기 수목원

　잎을 떨궈낸 나무들의 건조한 풍경, 바스러질 듯한 잎들을 아직 떨쳐내지 못한 활엽수들도 고적하다. 자식들을 대처에 내보낸 부모 같고, 혼기를 놓쳐버린 청춘남녀 같기도 하다. 인간도 나무도 더불어 숲을 이루고 살아야 아늑하리. 남녘의 매화 보러 떠난 게 엊그제 같은데 벌써 가을 지나 겨울이라니. 아궁이의 장작불처럼 소각된 세월, 난로 위에 물주전자자를 올리고 물 끓는 소리 들을 때다. 수생식물이 자라는 호수도 나무그림자를 물구나무세운 채 차가워 보인다. 그렇게 북적대던 수목원은 이제 한해를 정리하듯 조용한 발자국 소리를 듣고 있다. 붉은 메타쉐카이어 가로수길을 지나자 향나무가 온 몸을 비틀어댄다. 물방울 온실에서만 세월모르는 꽃들이 어둠속의 빛처럼 밝고.

수목원 후원의 나지막한
산등성이로부터 오솔길을 걸을 때,
공허한 느낌이 전깃줄의
바람소리처럼 스쳤다.

한해를 전송하는 전갈일까?
문득 이런 시 한편이 늦가을
햇살 같이 깊게 파고든다.

경기도립물향기수목원 : 경기도 오산시 청학로 211 (금암동)일원

삶이란 자신을 망치는 것과 싸우는 일이다

망가지지 않기 위해 일을 한다

지상에서 남은 나날을 사랑하기 위해

외로움이 지나쳐

괴로움이 되는 모든 것

마음을 폐가로 만드는 모든 것과 싸운다

슬픔이 지나쳐 독약이 되는 모든 것

가슴을 까맣게 태우는 모든 것

실패와 실패 끝의 치욕과

습자지만큼 나약한 마음과

저승냄새 가득한 우울과 쓸쓸함

줄 위를 걷는 듯한 불안과

지겨운 고통은 어서 꺼지라구!

나의 싸움 – 신현림

해 넘긴 달력을 떼자 파스붙인 흔적 같다.
네모반듯하니, 방금 대패질한
송판 냄새처럼 깨끗하다.
새까만 날짜들이 딱정벌레처럼 이어나가,
땅거미처럼 먹물처럼 번진 것인지
사방 벽이 거짓말같이 더럽다.
그러나 아쉽다. 하루가, 한주일이, 한 달이
헐어놓기만 하면 금세
쌀 떨어진 것 같았다. 그렇게, 또 한해가 갔다.

공백이 뚜렷하다 - 문인수

반계리 은행나무

 고향무정이라는 유행가 제목처럼 문막 반계리는 오랜 적막의 무게를 견디다 못해 여기저기 주저앉았다. 아들 딸 대처에 보내고 노부부가 기대어 살다가 한 사람이 먼저죽고 남은 사람은 자식이 있는 낯선 도시에 유배되어, 먼저 간 당신을 그리다가 타향에서 운명하였을 것이다. 아니면 홀로 살다가 세상을 저버리기도 했으리. 빈집만 남은 고향은 본적지명의 고유명사만 남겼을 뿐 의미마저 서글퍼다. 반계리 은행나무는 800여년을 이 마을 사람들의 애환과 함께 살아왔다. 대칭을 이룬 거대한 자연미에 강한 생명력이 느껴진다. 눈 덮인 밭이랑 밑으로 질긴 뿌리를 내린 잡초의 생명력처럼 이 마을도 한해를 살아냈다.

 산다는 것이 죽음과의 간격을 좁히는 것이겠지만 고향무정이 고향유정으로 도란도란 피어나길 기대해 본다. 한해를 흰 눈처럼 덮으며 오래된 현재의 시간 속에서.

반계리 은행나무(천연기념물167호) : 강원도 원주시 문막읍 반계리

백양사에서

찔레꽃 아카시아 꽃 상큼한 향기에 녹아드는 눈부신 오월입니다. 화장한 도시여인처럼 타는 몸을 비틀며 사랑을 갈구하는 모란도 그윽합니다. 봄 햇살에 상기된 영산홍은 더욱 매혹적 이구요. 백양사는 경내보다 입구가 더 아름답지요. 연둣빛 녹음을 끌안은 냇물은 작은 물고기가 파닥거리고 햇빛에 반사된 은빛 물비늘이 더없이 맑습니다. 돌다리를 건너며 맑은 물속에 비친 나를 씻습니다.

대웅전 앞마당엔 색색의 연등이 가득 매달려 소원을 비는 신심을 소박하게 전하고 있네요. 담장 아래 300년 묵은 매화 한그루가 새 잎을 피운 채 지긋이 눈감고 세월을 관조하고 있고요. 백양사는 자유로운 형식으로 가람을 구성하고 있습니다. 대웅전 앞에 있어야할 석탑이 뒤란에 있지요.
한 무리 젊은이들이 일시에 뛰어오르며 카메라 앞에서 연속촬영을 하는군요.
오월은 계절의 여왕이라 했듯이 청춘의 한순간이 축약 되는 빛나는 달입니다. 이 순간을 영원히 기억해요.
가장 젊고 소중한 지금.

백양사 : 전남 장성군 북하면 백양로 1239 (약수리 26) (061)392-7502

병산서원

　서예유성룡이 선조8년 풍산의 풍악서당을 옮겨와 병산서원을 세웠다. 정치가이자 유학자로 살다가 타계한 뒤, 그를 따르던 제자와 유생들이 위폐를 모시는 사당을 만들어 강학공간과 제향공간을 갖춘 서원이 되었다. 복례문에 들어서자 기와 담장을 배경으로 만발한 홍도화가 붉은 향을 태우고 있었다. 입교당 대청마루에 걸터앉아 동제와 서재를 거느린 만대루를 바라보니 소실점 너머로 선비들의 고고한 시심이 전해온다. 낙동강 금모래도 봄볕에 익어 빛나는데 꽃잎은 벌써 봄 화장을 지우려한다.
　꽃그늘 아래서 춘망사春望詞를 떠올렸다. 곡우 지나 청명한 이 절기엔 당나라 기생시인 설도의 춘심을 길어 올린 시에 조수미의 동심초同心草라야 좋다.

　꽃잎은 하염없이 바람에 지고 만날 날은 아득타 기약이 없네.
　무어라 맘과 맘은 맺지 못하고 한갓되이 풀잎만 맺으려는고.

히치하이킹의 묘미

외국여행에서 가끔 사용하던 히치하이킹을 병산서원 길에서 네 번이나 성공했다. 영주에서 열차타고 부랴부랴 안동역에 도착한 것이 12시가 다될 무렵이었다. 관광안내소 아가씨가 도산 서원과 병산서원을 하루에 다 보기위해선 일단 하회마을로 가서 병산서원 가는 차를 타야 한단다. 긴급히 하회마을 가는 버스에 올라 병산서원과 갈라지는 삼거리에서 내렸다. 차 시간표를 보니 병산서원 가는 버스는 두 시간이나 기다려야 했기에 터벅터벅 걷다가 밑져야 본전이지 하고 히치하이킹을 시도했다. 몇 대가 그냥 지나쳤다. 잠시 후, 최대한 공손히 허리 굽혀 손 흔드는 내 앞에 차 한 대가 천천히 멈춰 섰다. 병산서원을 가려하는데 '제가 시간이 부족해서.....' 라고 뒷머리를 긁적거리자 젊은 남자는 서슴없이 타라고 한다. 애인으로 보이는 옆자리의 여자를 어머니로 보이는 뒷좌석 여자 곁으로 보내기 까지 하며. 괜찮은 사람은 태우는 것에도 예의를 갖추는 아름다움이 있었다. 다시 병산서원을 둘러보고 주차장 앞에 서서 부탁을 해 보지만 대부분의 차들은 냉정 하게 지나쳤다. 이때 한 청년을 발견 삼거리까지만 태워달라고 간절히 말하자 그는 기다리기라도 한 듯이 타라고 한다. 그런데 펑크가 나서 반대편에 앉아달라고 주문하였다. 조금 미안하였지만 일단 탔다. 이런 관광지에 비포장 길이 있다는 게 이상했지만 어쨌든 차는 투덜투덜 굴러갔다. 타이어가 주저앉아 바닥에 부딪히는 신음소리를 냈다. 타이어의 마찰음이 들릴 때마다 바늘방석에 앉아있는 느낌이었다.

'저 때문에 이거, 여기서 그냥 내릴까 봐요.'라고 미안해하자 '아닙니다. 제가 선생님을 불편하게 해서 죄송합니다.'라고하며 얼굴을 붉히더니 화제를 다른 곳으로 돌린다. '저기 갱변 좀 보세요, 온통 다 파헤쳐 놓아 물길이 엉망이 되었잖습니까?' '어찌된 건가요?' 정말 강변은 엉망진창 어수선했다.

'뭐긴 뭐겠습니까 4대강 인가 뭔가 그 짓 때문이지요······.' 내가 그의 말에 동감하며 4대강 얘기에 입을 맞추는 동안 기진맥진한 차는 삼거리에 도착 했다. '고맙습니다.' 두 번 세 번 절하며 차에서 내리자 내 옆의 두 아이들도 안녕히 가시라며 인사를 한다. 교육이 잘된 그 아버지의 그 아들이란 생각이 들었다. 삼거리에 걸린 버스 시간표를 보니 시내 가는 버스는 십 여분 전에 떠났다. 다음 차는 앞으로 두 시간을 기다려야 했다. 택시는 2만원이란 거금을 요구했고 하는 수 없이 다시 히치하이킹을 시도했다.

선글라스에 선팅까지 한 검은 색 차들은 대부분 그냥 지나쳤다.

최대한 애처롭게 최대한 공손히 허리 굽혀 손을 흔들었다. 이윽고 한 대가 머뭇머뭇 내 앞에 섰다.

젊은 부부다. '뒷좌석이 어수선하여 미안해요.'라고하며 나를 태워 주었다. 그런데 차가 풍산에 들어설 무렵 조수석에 앉은 부인이 무언가 시큰둥한 표정을 지으며 수군거리더니 '저, 저희들은 예천 쪽으로 가는데요.'라고 한다. 안동과 예천의 이정표가 갈리는 지점이었다. '아, 그럼 내리겠습니다. 고맙습니다.'라고 인사하고 내렸는데 그곳이 풍산읍이었다. 그것만으로도 얼마나 고마운가. 다시 안동 가는 방향에서 히치하이킹을 시도 하는데 대부분 그냥 지나쳤다. 무모한 짓이라는 생각이 들었다.

이럴 땐 큰길로 나오는 주민의 차에게 부탁 하는 편이 낫겠다는 생각을 했다. 마침 낡은 승합차 한 대가 마을에서 큰길로 나오려 하는 순간, 가까이 다가가 최대한 불쌍한 표정을 지으며 허리를 굽히자 문이 열렸다. 자초지종을 얘기하니 암말 않고 조수석의 이것저것 분란한 것들을 치우더니 타라는 시늉을 한다. 야호! 또 성공이다. 그녀는 풍산에서 비닐하우스로 농작물을 생산하고 있었고 오늘 생산물을 안동시내의 한 아파트 앞에 널어놓고 팔러가는 길이었다. 내가 바깥 선생께서는 무슨 일을 하시느냐고 묻자 '선생님 아닙니더'라고하며 살짝 웃으셨다.

내가 미안하여 무어라도 팔아드리려고 장에 팔 물건이 무엇이냐고 하자 상추, 파, 오이 등등 여러 가지를 가져가는 중 이라고 하셨다. 내가 팔 수 없겠냐고 하자 '팔기는 뭘 그냥 드려야 하는데, 오늘 물건이 얼마 안돼서' 라고 하며 오히려 주지 못해 미안해 하셨다.
참 고마우신 분 덕분에 무사히 시내까지 도착, 다음 행선지로 향할 수 있었다. 참 재밌는 히치하이킹이었다.
히치하이킹은 긴장감과 성취감을 동시에 맛보는 묘미가 있다.

병산서원 : 경북 안동시 풍천면 병산리 (054)858-5929

저수지가 보이는 풍경, 보통리에서

　벌침처럼 독 오른 땡볕이 사선으로 떨어지는 7월 한낮. 보통리 저수지의 물도 지글지글 끓어오른다. 조그만 신작로 건너 작은 버드나무가 울타리를 치고 있고, 언덕엔 러브호텔로 보이는 뾰족한 건물들이 커튼을 치고 은밀하다. 이곳엔 아직 공장들이 보이지 않아서 좋다. 그래서일까? 예술가들의 작업실이 곳곳에 숨어있다. 모처럼 조각가 A씨의 작업실을 찾았다. 그녀는 용접을 위해 마스크까지 착용하고 한창 작업에 빠져 있었다. 이 무더위에 철문을 걸어 닫고 스스로를 통제하며. 어쩌면 소통보다 더 큰 수확이 불통이리라. 자신을 가둔 채 스스로에 길을 묻고 터득해 가는 지난한 작가정신이 자극적이다. 나는 선반위에 쪼그려 앉아 시커먼 철사 줄에 포박당한 조상들을 바라보다가 그녀가 내놓은 구리드로잉을 어물전의 생선처럼 들고 나왔다. 내 조그만 미술관에 개업식의 북어같이 걸어둘 요량으로. 귀로에 나는 여전히 신기루 같은 예술의 존재에 불가능한 강요를 당하고 있었다.

"분발하고 추구하고 발견하며 결코 굴하지 않으리"라는 앨프레드 테니슨의 율리시즈의 한 대목 같은. 그리고 요원한 광야를 이런 시처럼 쫓았다.

네게로 가리.

물에 풀리는 알콜처럼

알콜에 엉기는 니코틴처럼

니코틴에 달라붙는 카페인처럼

네게로 가리.

혈관을 타고 흐르는 매독 균처럼

삶을 거머잡는 죽음처럼

'네게로'- 최승자

보통리저수지 : 경기도 화성시 수기리

정자위의 크리스마스, 봉화 닭실 마을

  봉화의 닭실 마을은 금빛 닭이 알을 품고 있는 지세다. 택리지에 경주의 양동, 풍산의 하회, 안동 내앞 마을과 함께 삼남 4대길지라 지목된 마을이기도 하다. 또한 의로운 청백리로 우찬성에 올랐으며 사후 영의정에 추증된 충재 권발선생의 향리다. 청암정은 유배지에서 생을 마감한 충재의 선비정신이 살아있는 기개와 품격이 있다. 해자처럼 사면에 물을 가둬 스스로 불의에 격리되고자한 의지가 비장해 보인다. 거북형상의 바위위에 지어져 속세를 등져 앉은 선경이지만 정자마루 아래쪽에 흙벽을 쌓은 구조는 서민적이다. 그의 업적을 수집한 보물들과 만 여점의 유물이 보관된 충재박물관은 마을의 제례 풍습들이 온전히 전시되어있다. 귀로에 봉성돼지숯불촌에 들렸지만 혼자 온 나그네를 반기는 집은 아무도 없었다. 하지만 내게 잣 솔잎에 얹힌 숯불돼지고기를 1인분 값에 2인분처럼 주시고, 장작불 타오르는 벽난로 곁으로 안내해 주신 희망정 김은연님. 행복은 친절의 답안지랍니다.
  메리크리스마스!

닭실마을, 청암정 : 경북 봉화군 봉화읍 충재길 44

부산 앞 바다, 그 여름의 파도소리

휘몰아치는 폭풍우 속에 떠가는 배. 비바람은 선실로 파고들어 회오리 친다. 해운대 해변, 그 많던 인파는 어디가고 텅 비었다. 여름도 벌써 차가운 파도처럼 밀려 간 걸까? 동백섬 누리마루 APEC하우스를 지나자 광안대교가 세찬 빗줄기를 걷고 드러났다. 잊힌 꿈같은 풍경이다. 노도 같은 폭풍우를 맞으며 광안리 앞바다를 지난다. 이윽고 당겨오는 오륙도. 이 순간을 비집고 조용필의 노래는 갑판위에 구성지게 울려 퍼졌다.

꽃피는 동백섬에 봄이 왔건만
형제 떠난 부산항에 갈매기만 슬피 우네.

나는 문득 이정표 없는 파도처럼 나의 끈을 놓고 어디론가 떠가고 있었다. 이런 시처럼.

　　　　　　　노를 젓다가 노를 놓쳐버렸다.
　　　　　　　비로소 넓은 물을 돌아다보았다.
　　　　　　　　　　　순간의 꽃 중에서 - 고은

폭풍우가 잦아진 동백섬의 밤은 너무나도 아름다웠다.
광안대교와 고층빌딩의 야경도 이국적인 정취가 묻어났다.
문명의 조형미를 이토록 아름답게 느낀 것은 드물었다.

해운대관광유람선미포선착장 : 부산시 남구 용효동 936 (051)742-25

백제불교 초전가람지 불갑사

　남녘의 화신을 견디다 못해 길을 나선다. 길은 과거와 미래의 가교이자 목적이며 목표였다. 살아야하는 불가피한 결의 앞에 선 마음은 늘 비장하다. 수분 가득한 속살을 깎는 과도였다가도 심장을 도려내는 흉기가 되기도 하는. 응혈된 마음이나 닦을까하여 침류왕 원년(384) 인도 승 마라난타가 백제에 불교를 처음 들여와 창건한 초전가람지 불갑사를 찾았다. 산문입구에 융단처럼 돋아난 상사화 잎들이며 수액을 올려 가지 끝을 붉게 물들인 단풍나무가 새봄을 알린다. 동백도 꽃잎을 태우고 배롱나무는 온몸을 비틀어대며 솟구치는 춘기를 주체하지 못했다. 대웅전 지붕의 스투파가 마라난타가 동진을 거쳐 오며 남방불교양식이 유입되었음을 증명한다. 이봄에 무엇이라도 깊이 사랑하고 싶다. 클라라를 사랑한 브람스 같은, 순결한 선천성 상상으로. 양지쪽 산자락에 누운 묘지들이 봄 처녀 젖가슴처럼 봉긋 솟은 길을 가며 '몸은 붓이요 길은 유서다'라는 함민복시인의 시 '비정한 길'이 생각났다. 나의 몸으로 어떤 빛나는 유서를 쓸까? 불갑사 대웅전은 남방불교의 전형인 지붕가운데 스투파가 세워진 것 외에도 불상이 서쪽을 향하여 안에서 보면 남쪽을 보고 있는 특이한 절이다. 불갑사 앞의 식당들은 획일적인 건물이어서 절 앞의 식당으로 낯설어 보인다. 마치 군대 관사 같은 인상이어서 거부감이 들지만 내용은 흡족하다. 이곳의 보리밥은 여러 가지 반찬을 대동할 뿐만 아니라 상추와 배추쌈이 있고 살짝 구운 김이 함께 나와 입맛을 돋운다.

　영광군은 마라난타가 불교를 처음 들여온 것을 테마로 숲쟁이 꽃동산 넘어 백수해안 노을길이 바라보이는 언덕에 백제불교최초도래지와 대대적 불교 박물관을 조성 중에 있다. 특히 파키스탄에서 기증받은 불교 유물들을 전시한 간다라 유물관은 불교교육에 중요한 자료관이 될 것으로 보인다. 법성포엔 온통 굴비집이다. 모든 가게가 굴비일색인데 굴비정식을 파는 식당도 간간이 눈에 띈다. 이곳엔 굴비 외에도 모시송편이 특히 유명하다. 법성포 시장에서 다리건너 보이는 영광특산품판매점 두리담(061)356-8978은 찰보리떡과 모시송편을 파는데 관광객이 가장 찾기 쉬운 곳이다.

　노을 내리는 바다 앞에서 굴비정식을 먹어야겠다. 찬밥에 물 말아 굴비 한 점 먹으면 더 이상 바랄게 없던 미감을 아직 느낄 수 있을까?

불갑사 : 전남 영광군 불갑면 모악리 8 (061)352-8097
백제불교최초도래지 : 전남 영광군 법성면 진내리 812 (063)356-6008, 350-4614

비목공원에서

초연이 쓸고 간 깊은 계곡 양지 녘에
비바람 긴 세월로 이름 모를 비목이여
먼 고향 초동친구
두고 온 하늘가
그리워 마디마디 이끼 되어 맺혔네
궁노루 산울림 달빛 타고 흐르는 밤
홀로 선 적막감에 울어 지친 비목이여
(......)

비수구미에서 파라호 건너 평화의 댐으로 오르면 쓸쓸한 그림자가 드리운다. 전우를 묻은 산하에 긴 세월이 덮고 있는 곳. 나의 군 시절도 빈혈처럼 다가온다. 암울하던 청춘의 노래는 전우니, 진짜사나이니, 화랑담배 따위를 떠올리곤 한다. 하지만 원하지 않는 전쟁으로 무적지에 영혼을 묻은 이 땅의 수많은 청춘은 얼마나 외롭게 갔을까? 비목에 걸린 주인 잃은 철모만 휑하다. 무용한 이념에 산화된 젊은 불꽃들, 영혼의 빈집에서 문득 이런 시가 떠오른다.

> 사랑을 잃고 나는 쓰네
> 잘 있거라, 짧았던 밤들아
> 창밖을 떠돌던 겨울안개들아
> 아무것도 모르던 촛불들아, 잘 있거라
> 공포를 기다리던 흰 종이들아
> 망설임을 대신하던 눈물들아
> 잘 있거라, 더 이상 내 것이 아닌 열망들아
> (……)
> 빈집 중에서 – 기형도

비목공원 : 강원도 화천군 화천읍 동촌리 292-1

비수구미

　복잡한 경춘 고속도로를 느리게 빠져나와 우리나라에서 가장 긴 해산 터널을 벗어났다. 터널은 스케치북 속에 갇혀 신음하는 정지된 순간의 고뇌 같다. 터널을 빠져나와 해산령쉼터 앞으로 이어지는 긴 내리막 산길이 비수구미 길이다. 완만한 경사라 힘들지 않고 청량한 물소리가 벌레소리를 담아내는 길을 내내 함께 걸을 수 있어 좋다. 아스팔트나 콘크리트 같은 인공 길이 아니라 자갈과 모래와 흙의 기가 탄력적으로 숨 쉬는 자연 본래의 길이다.

원시림에서 품어내는 신선한 공기는 폐부를 깊게 열어준다. 내내 계곡의 물보라를 보며 2시간여를 내려오니 조그만 마을이 보였다. 마을이라야 세 가구가 전부다. 이장댁에서 여행자를 위해 산채 비빔밥을 팔았다. 여섯 가지의 나물과 국으로 구성된 별미다. 엄나무순, 고사리, 취나물, 곤드레, 병풍취, 미역취 등의 나물이 된장과 함께 나온다. 질경이가 길섶을 덮고 있는 파라호 가는 언덕에 노란 꽃이 선명하다.
제 혼자 피었다 제 혼자 지는 야생화.

비수구미 : 강원도 화천군 화천읍 동촌리 2861-21

상주, 우리나라 최고最古의 뽕나무

　경북 상주에 우리나라 최고의 뽕나무가 있다. 양잠업이 번성하던 시절 상주에는 전국에서 유일하게 국립잠사대학까지 있었다. 이는 상주 농잠전문학교로 바뀌었다가 잠업이 시들해지며 경북대학교 상주캠퍼스로 편입되었다. 상주는 예로부터 삼백의 고장이라고 불려왔다. 누에, 곶감, 쌀에서 유래한다.

상주의 밭두렁엔 집집마다 뽕나무가 가득했다. 이맘때쯤이면 누에가 다섯 잠을 자고 누에고치를 만들 준비를 위해 밤낮없이 뽕을 먹을 때이다. 누에가 뽕 먹는 소리는 가랑비 오는 소리 같았다. 내비게이션으로 찾아낸 이 뽕나무를 맞닥뜨리고 나는 깜짝 놀랐다. 거대한 뽕나무가 길바닥이 새카맣게 오디를 쏟아 내놓고 있었다.
300년 고목이라 믿기지 않을 정도로 엄청난 량의 오디가 달려있었으며, 우거진 뽕잎과 가지는 윤기 있고 강건했다. 밤꽃 흐드러진 산자락 지나 돌아오는 길에 명주박물관이 보였다. 명주마을엔 아직도 누에가 뽕잎을 먹고 있을까? 제사製絲공장 다니던 누님들은 지금 어디서 무얼 할까?

상주 뽕나무 : 경북 상주시 은척면 두곡리 324번지
함창명주박물관 : 054-541-9260 경북 상주시 함창읍 무운로(교촌리) 1593

　1935년 일제강점기에 최병철崔秉轍 상주군수가 지정한 명상기념비名桑記念碑가 흥미롭다. 경상북도기념물1호라고 적힌 새 기념 표지판은 오디가 떨어져서 거의 읽을 수가 없을 정도로 손상 되었다. 이 나무는 아직도 누에고치 300kg을 생산할 정도로 왕성했다. 상주는 곶감, 한우축제와 더불어 웰빙오디축제가 열리고 있다. 높다란 제사공장에 뽀얀 연기 날리던 시절이 그립다.

선교장

　절묘한 공간 구성에 은은한 한옥의 향기가 배어난다. 조선시대 양반 가옥의 전형인 99칸을 넘는 102칸 만석지기 집은 효령대군 11대손 이내번李乃番에 의해 건립되었다고 한다. 쓰임새에 따라 분할된 방들은 모두가 툇마루와 평난간으로 연결되어 있음을 알 수 있다.

　중앙대청에서 건넌방 안방 골방과 부엌이 있고 행랑채가 있으며 별당과 사랑채 등이 각각 독립된 공간을 장악하고 있다. 친척들과 정담을 나눈다는 뜻의 열화당悅話堂은 도연명의 귀거래사 중 열친척지정화悅親戚之情話에서 집자한 것이며 출판사 열화당의 모태이기도 하다. 건물 앞을 가리고 있는 낯선 구조물이 방해가 되지만 러시아 공사관이 선물한 의미 있는 테라스다. 드넓은 선교장의 뒷동산은 우람한 송림이 선비의 강건한 문세처럼 높이 서 있고, 연못위에 뜬 활래정은 자연과 건축과 인간의 조화로운 관계성을 한 장면에 보여주고 있다.

　　이내번은 세종대왕의 둘째형 효령대군의 11대손이며 300년 전 이곳에 터를 잡아 염전을 일구고 소금을 팔아 영동지방의 유수한 지주가 되어 집 크기가 300칸에 이를 정도로 번창 했다고 한다. 그는 부를 축적한데서 끝난 게 아니라 영동지방을 개간하여 농토를 농민에게 제공하였다고 한다. 오늘날 회자되는 진정한 노블레스 오블리주는 이런 것을 두고 이르는 말이리라. 갑오농민전쟁 때 농민군이 선교장을 공격했을 때도 이곳의 소농들이 합세해 물리쳤다는 사실이 이를 증명한다. 뒷동산의 송림은 500~600년 된 금강송으로 천연기념물 지정을 앞두고 있다. 나는 뒷산 위에서 내려다본 기와지붕의 아름다움에 반해 여러 장의 그림을 그렸다. 선교장船橋莊은 예전에 경포호가 넓었을 때 집 앞에서 배를 타고 건넜다고 해서 배다리 집으로도 불렸으며 지금도 123칸을 거느린 아름다운 고택이다.

선교장 : 강릉시 운정길 63 (033)648-5303

황무지가 된 포구, 선창

 파스텔 톤 라일락향기가 풍겨온다. 그러나 가혹한 사월이다, 바다 밑에 갇힌 세월호의 학생들이 안타까울 뿐이다. 대부분의 꽃들은 화장을 지우듯 서둘러졌다. 길섶의 찔레꽃만이 원혼처럼 하얗게 피었다. 산야를 뒤덮은 신록도 봄의 동화처럼 싱그럽다.
 오랜만에 심란한 마음을 달래려 선창을 찾았으나 포구는 되레 황량했다. 주인 잃은 횟집들은 그대로 주저앉아 폐허가 되었고 길가에 쪼그리고 앉아 달래랑 미나리를 팔고 있는 할머니도 의욕을 상실한 채 노곤히 졸고 있다. 수년전 긴 방죽에 주저앉아 배들이 떠있는 포구를 그렸던 기억이 새로운데 그때의 푸른 바다는 간데없고 넓은 땅은 황무지가 되었다.

녹슨 철조망사이로 보이는 아스라한 기억들이 세월의 무상함을 알린다. 화웅방조제가 생겨 이렇듯 자연이 변형된 것이다. 몇몇 남아있는 난전에서 힘없이 꿈틀 대는 낙지랑 꽃게들이 더욱 썰렁하다. 한때 이곳은 새우와 젓갈 시장으로 쉼 없이 북적댔다.

쇠락하는 것은 모두가 섬이 되는가! 봄날도 벌써 어둡다.
모호한 세월 앞에 이런 시 한편이 다가왔다.

슬픔도 오래 묵을수록 귀한 것일까?
황사 뜬 봄 하늘 안방 장롱 위에
수많은 세월을 먹고 놀다 잠든
파리똥들이 옹기종기 가슴 아프다.
어린 날 재봉틀 의자 위에 까치발로 서서
새로운 꽃 피우려고 몸을 풀던 강이며
그 강을 건너지 못한 우리나라 어머니들이며
호박엿이 먹고 싶던 **날들**이며

선창포구 : 경기도 화성시 우정읍 주곡리 161-189

소매물도 등대섬

 동백꽃 불타는 소매물도 등에 올라 등대섬을 바라본다.
바다가 푸른 숨결로 파도를 밀어내는 오후 몽돌 해안을 건넜다. 갈라진 바닷길은 견우와 직녀가 만나는 은하작교처럼 동실동실한 조약돌을 널어놓았다. 이를 두고 모세의 기적이라 말한다.

썰물 때 높은 지대가 노출되는 단순한 자연 현상이지만 가끔 인간은 과학보다 신학으로 치장하여 의미를 배가시키려한다. 소매물도는 CNN이 선정한 한국의 아름다운 섬 33에 선정된 섬이다. 야생화 핀 언덕길을 올라 하얀 등대섬을 만난다.

푸른 파도가 도다리 쑥국을 끓이듯 보글보글 넘실대며 봄 향기를 풍긴다. 시황제의 신하가 불로초를 구하러 왔다가 아름다움에 반해 서불과차徐市過此라 바위에 새기고 갔다는 곳. 바다는 간결하다. 주어와 동사로 단칼에 쓴 이순신의 난중일기처럼. 최고조의 긴장감은 감당할 수 없는 곡절을 삭여내는 절제에 있다.

대원군의 난처럼 냉철한 시 한편이 수평선을 긋는다.

낯선 방에서 창을 열면

바다가 한 줄

금빛 숨결 달아오른

눈부신 한줄

바다 - 강신애

소매물도 등대섬 : 경남 통영시 한산면 매죽리 산65 (소매물도길 246) (055)640-4680

수덕사, 수덕여관

황사가 낡은 사진처럼 바랜 날, 성가신 바람이 면전을 치고 간다. 문틈으로 들여다 본 수덕여관은 켜켜이 쌓인 먼지와 아직 정리하지 못한 삶의 도구들이 널브러졌다. 수덕사는 신여성 일엽이 청춘을 불사르다가 영원히 청춘을 얻겠다며 삭발귀의한 곳이다. 또 다른 페미니스트 나혜석이 시대의 모순에 맞서다가 이혼까지하고 극도로 황폐한 몸을 이끌고 찾은 곳이기도 하다. 그러나 절대로 중이 될 수 없는 숙명을 읽었을까?

일엽의 중재에도 만공스님은 그녀를 받아주지 않았다. 3년여를 머물다가 그녀는 또 하나 비운의 주인공 고암을 남겨두고 이곳을 떠난다. 고암은 이 집을 사들였으나 조강지처와 이혼하고 21년 젊은 여자를 데리고 프랑스로 갔다. 그가 훗날 동백림 사건으로 옥고를 치룰 때 본부인은 옥바라지까지 했다. 하지만 그를 받아준 옛 부인을 남겨두고 다시 건너간 파리에서 숨을 거둔다.

수덕여관을 마지막까지 지킨 영원한 주인 박귀희 여사도 떠나고, 빈 집 초가 끝에서 바람만 윙윙댄다.

수덕여관 박귀희 여사는 2001년 92세의 나이로 파란만장한 생을 마감했다. 수덕사 입구의 수덕사선미술관은 고암이응로와 만경스님의 작품들이 소장되어 있으며 항시 기획전이 열리고 있다. 고암의 수덕여관뒤뜰엔 그가 동백림 사건으로 옥고를 치를 때 잠시 들려 조각한 문자 추상화가 바위위에 새겨져 있다. 수덕사 대웅전(국보49호)은 맞배지붕의 우아함이 지배하고 있다.

이 오래된 사찰은 영주부석사의 무량수전, 안동봉정사의 극락전과 함께 역사를 견주는 최고의 백제계 건축미를 보여준다.

수덕여관 : 충남 예산군 덕산면 사천리 17-1 (041)337-6022
수덕사 : 충남 예산군 덕산면 수덕사안길79 (041)330-7700

추억의 달동네 - 인천 수도국산 박물관

　수도국산水道局山은 일제강점기 때 산꼭대기에 있던 수도국에서 유래 한다. 달동네는 개항 후 일본인들이 중구 전동 지역을 점령하자 그곳의 조선인들이 밀려나면서 생겼다. 이후 한국전쟁과 산업화를 겪으며 실향민과 지방 사람들을 수용하게 되었고 3천여 가구의 밀도 높은 동네가 되었다. 지금은 이 일대의 달동네가 모두 사라지고 고층아파트가 자리했지만 아직도 산허리엔 대부분의 단독주택들이 나지막이 어깨를 맞대고 있다. 하지만 아파트 공화국의 불도저는 언제 이곳에 닥칠는지 모른다. 박물관 골목의 포스터가 흥미롭다. 양담배 연기 속에 사라지는 육십 환/넘쳐나는 왜 노래에 흐려지는 민족정신/혼식으로 부강하고 분식으로 건강 찾자/사글세, 하숙생구함, 반공방첩, 이발소, 연탄가게, 물지게, 등도 향수적이다. 기념품을 파는 옛 구멍가게엔 아이들이 몰려들어 북새통을 이루고 있다. 달고 나니, 뽑기니, 순정 만화 캐릭터도 옛 생각을 데려오지만 왕사탕을 입에 물고 만화를 보는 풍경은 신기할 지경이다.

돌아오는 길에 차이나타운 비탈길에 올라 짜장면 한 그릇을
혼자 먹었다.
원조 공화춘을 베낀 100년 전통 공화춘에서 한 시간 넘는
긴 줄에 인내하며 주린 끝에.

아!
졸업식이 끝난 후에도 먹어보지
못한 어렵던 날들의 그리운 짜장면.

　　　　수도국산달동네박물관 : 인천광역시 동구 송림9길 100 (032)770-6134~4
　　　　공화춘 : 인천광역시 중구 북성동 3가 5-6(차이나타운로43) 032-765-0571

요즘아이들에겐 추억이 아닌 흥미로움으로 시간을 되돌려 보는 것이리라. 어둡고 암울하던 시절의 달동네를 떠올리며 비탈진 골목길을 내려오다가 이런 시가 생각났다.

여상을 졸업하고 더듬이가 긴 곤충들과 아현동 산동네에서 살았다. 고아는 아니었지만 고아 같았다. 사무원으로 산다는 건 한 달치의 방과 한 달치의 쌀이었다. 그렇게 꽃다운 청춘을 팔면서 살았다. 그렇게 꽃다운 청춘을 팔면서도 슬프지 않았다. 가끔 대학생이 된 친구들을 만나면 말을 더듬었지만 등록금이 없어 학교에 가지 못하던 날들은 이미 과거였다. 고아는 아니었지만 고아 같았다. 비키니 옷장 속에서 더듬이가 긴 곤충들이 출몰할 때도 말을 더듬었다. 우우, 우, 우 일요일엔 산 아래 아현동 시장에서 혼자 순대국밥을 먹었다. 순대국밥 아주머니는 왜 혼자냐고 한 번도 묻지 않았다. 그래서 고마웠다. 고아는 아니었지만 고아 같았다. 여상을 졸업하고 높은 빌딩으로 출근했지만 높은 건 내가아니었다. 높은 건 내가 아니라는 걸 깨닫는 데 꽃다운 청춘을 바쳤다.

'거짓말을 타전하다' 중에서 – 안현미

수류성당

1889 프와넬 신부의 설계로 태어나 125년의 세월을 잇고 있는 이 성당은 한국전쟁 때 미사를 참례한 빨치산들과 인민군을 몰살하려고 불을 질러 전소된 것을 재건한 것이다. 전주의 전동성당과 함께 태어났고, 나바위 성당에 버금가는 목조건물이었다고 한다. 1959년 다시지은 벽돌 조 건물이 현재의 모습이다. 은은한 아이보리색 벽과 성스러운 내부모습이 인상적이다. 하지만 옛 모습을 잃은 곡절 많은 성당이다. 아름다운 순례길 7코스 금산사 수류구간은 가장 많은 종교성지가 있는 곳. 금산사를 비롯해 증산교, 대순진리교, 등 신흥종교와 금산교회 원평성당, 원평교회 등이 있다.

1894년 동학농민군이 관군과 대적한 구미란 전적지도 볼 수 있다. 동학군이 패배한 뒤 전국으로 뿔뿔이 흩어진 곳이다. 구미란 전적지부터는 한적한 길이 이어졌다. 산티아고 가는 길 같다는 아름다운 순례길 위로 진눈깨비가 흩어진다.
농민군의 원혼처럼. 하지만 내 앞엔 벌써 이런 봄의 시가 놓였다.

수류성당 : 전북 김제시 금산면 수류로 643 (063) 544-5652

우리가 살아가는 일 속에
파도치는 날 바람 부는 날이
어디 한두 번이랴.
그런 날은 조용히 닻을 내리고
오늘 일을 잠시라도
낮은 곳에 묻어두어야 한다.

우리 사랑하는 일 또한 그 같아서
파도치는 날 바람 부는 날은
높은 파도를 타지 않고
낮게낮게 밀물져야한다.

사랑 하는 이여
상처받지 않는 사랑이 어디 있으랴.
추운겨울 다 지내고
꽃필 차례가 그대 앞에 있다.

그대 앞에 봄이 있다 - 김종해

승일교

　6.25이전 북한이었던 이곳에 두개의 다리가 평행선을 긋고 있다. 다리 공사가 반쯤 진행 중 일 때 전쟁이 발발했고, 휴전 후인 1958년 이 다리의 나머지를 남한에서 이었다. 결국 남북 합작 다리가 된 셈이다. 다리는 길을 잇고 이념을 잇는 모든 소통의 통로다. 그런 염원 때문일까? 이승만과 김일성을 따서 다리명이 승일교다. 아름다운 아치형 다리, 지금은 등록문화재로 보호받아 통행할 수 없지만 그 옆의 한탄대교가 화려한 칼라로 치장하여 길을 잇고 있다. 콰이강의 다리처럼 통일된 땅에서 개방되어 세계인의 관광지가 되는 꿈을 꿔 본다. 흰 나방이 날개 짓 할 때 저녁 드시고 싶으면 언제든 오라던, 메릴 스트립의 오묘한 미소가 있는 매디슨 카운티의 다리. 그보다 낭만적이고 로맨틱한 다리가 된다면 더욱 좋으리. 6.25가 다가온다. 계절은 벌써 짙푸른 녹색으로 물들었고 나는 다리건너 머나먼 북녘 땅을 응시한다. 유월은 호국영령의 달, 6.25가 다가오고 현충일이 가까우면 나도 가슴 한쪽이 아리다. 국립묘지에서 오랜 잠속에 계신 아버지가 생각나서다.

슬픈 영혼, 한없는 가여움이 나를 자주
슬프게 한다. 유월이 오면 문득
이런 시가 생각난다.

해마다 유월이면 당신 그늘아래
잠시 쉬었다 가겠습니다.
내일 열겠다고, 내일 열릴 것이라고 하면서
닫고, 또 닫고 또 닫으면서 뒷걸음질 치는
이 진행성 퇴화의 삶.

그 짬과 짬 사이에
해마다 유월에는 당신 그늘아래
한번 푸근히 누웠다 가고 싶습니다.

언제나 리허설 없는 개막이었던
당신의 삶은 눈치 챘었겠지요?
내 삶이 관객을 필요로 하지 않는
오만과 교만의 리허설뿐이라는 것을.

오늘도 극장문은 열리지 않았고
저 혼자 숨어서 하는 리허설뿐이로군요.
그래도 다시 한 번 지켜봐 주시겠어요?
(I go, I go, 나는 간다. Ego, Ego, 나는 간다.)

해마다 유월이면 – 최승자

승일교(등록문화재 제 26호) : 강원도 철원군 동송읍 장흥리

커피가 있는 바다

포말은 일정한 간격을 두고 백사장을 덮치고 간다. 간혹 성난 듯 튀어 올라오기도 하며. 수평선을 보면 지구 밖 우주가, 우주 밖 우주가 궁금해진다. 과학이 신의 존재를 논증할 수 없듯이 우주의 끝을 규명할 수 없을 것이다. 안목항은 커피해변으로 불린다. 바닷가의 그 흔한 횟집도 없다. 다양한 커피점이 길게 늘어서 있고 창가엔 관광객이 다리를 꼬고 앉아 그윽한 표정으로 겨울바다를 응시하고 있다. 강릉은 200여 점포의 커피점이 있는 커피의 메카다. 유명 바리스타와 커피를 문화로 도입한 개척지이자 발상지라고 해도 과언이 아닐 것이다. 해변엔 카루소, 이탈리코, 엔제리너스, 씨엘, 엘빈 등 이름도 건물 모양도 다양하다. 지중해 여행에서 본 하얀 벽과 파란 지붕이 있는 산토리니 커피점도 멋지다. 나는 자판기에서 해즐럿 블랙커피 한잔을 뽑아들었다. 종이컵의 커피는 매우 육감적이다. 파도 출렁이는 백사장을 걷는다. 충분히 우아하다.

안목항(강릉항) : 강원 강릉시 경강로 2657

약현성당과 중림동 쪽방촌

　중림동엔 명동성당보다 앞 선, 우리나라에서 가장오래 된 고딕식 건물 약현성당이 있다. 하지만 1998년 방화로 일부 소실되어 복원 하였다고 하는데 그래서 일까? 고색창연한 모습은 간데없고 너무나도 반듯하다. 염천교 건너 다시지은 남대문을 보니 더욱 씁쓸하다. 차라리 성당과 이웃한 쪽방촌
골목이 향수적이다. 설날오후의 쪽방촌은 차가운 날씨만큼이나 황량했지만 중학생쯤 돼 보이는 소녀가 선물로 보이는 물건을 든 채 미끄러운 언덕을 바삐 올랐다.
골목을 들어서자 나지막한 낡은 대문 앞에 설 인사 온 친척이 들어선다. 문을 열자 바글바글 모여 있던 아이들이 기다렸다는 듯 일제히 소리치며 달려 나온다. 이런 정회情懷는 아파트의 정서와 비견할 수 없는 미학적 풍경이다. 연탄재 뿌려진 골목을 나서며 나는 그들의 방안 모습이 그리웠다. 무척이나 따뜻할 것 같은. 아직도 이런 골목 이런 6,70년대식 쪽방촌이 남아있다니, 그것도 남대문과 고층빌딩이 치솟은 서울의 중심가 옆에이곳 사람들은 조악한 현실이지만 나로서는 송구스러운 향수였다. 비탈진 좁은 골목길은 햇빛이 들지 않아 온 겨우내 얼어있을 것이다.

이곳도 곧 개발할 것으로 보이는데 개발이란 참 엉뚱한 위장의 낱말 같다. 부숴버리고 아파트를 짓겠다는 말. 미끄러운 길에 연탄재가 뿌려졌다. 연탄재만한 제설제도 없다.
이런 시가 있다.

'연탄재 함부로 발로차지 마라,
너는 누구에게 한번이라도
뜨거운 사람이었느냐'

너에게묻는다 - 안도현

중림동약현성당 : 서울시 중구 중림동149-2 (02)392-5018
서소문순교기념관 성지 전시관 : 오전9시~오후6시 개방, 월요일과 명절연휴 휴관 (02)312-5220

오죽헌

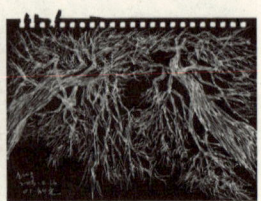

늙으신 어머님을 고향에 두고
홀로이 서울 길로 가는 이 마음
돌아보니 북촌은 아득도 한데
흰 구름만 저문 산을 날아 내리네.

김홍도의 대관령 그림처럼 굽이굽이 아득한 강릉을 바라보며 귀경길의 신사임당이 지은 시다.
직선의 속도에 사라진 아흔 아홉 구비 대관령 길을 넘던 시절도 옛 날이 되었다. 600년 보물 오죽헌은 조선중기의 뛰어난 정치가이자 학자였던 율곡이이의 외갓집이자 신사임당의 친정집이다. 용꿈을 꾸고 율곡을 낳았다는 몽룡실의 신사임당 초상이 엄숙하다. 어제각 엔 정조가 머리글을 붙여 보관케 한 격명요결과 찬양의 글을 새겨 놓은 율곡의 벼루도 있다.

무원주자의 못에 적셔내어/ 공자의 도를 본받아
널리 베풂이여/ 율곡은 동천으로 돌아갔건만/ 구름은 먹에 뿌려 학문은
여기에 남아있구나.

정조의 율곡 사랑이 지극히 느껴지는 글이다. 강릉 가는 길은 꼭 외 갓집 가는 길 같다. 나의 외가가 고개 너머 아득한 먼 길이었기 때문이기도 했지만 나 역시 외가에서 태어나 귀소 본능 같은 사유가 있었기 때문이 아닌가 싶다. 그래서인지 어릴 적엔 방학만 하면 달려가던 곳이 외갓집이었다. 단오가 가장 온전히 남아있는 곳이 강릉이어서 더욱 향수적이다. 온 마을의 보리가 황금빛으로 익어가던 시절, 동네 언덕에 그네를 매어 타던 추억도 새롭다. 그곳에서 남자들은 씨름판을 벌리기도 했고 여인들은 창포물에 머리를 감기도 했다. 눈앞에 닥친 쉴 새 없는 농번기에 잠시 숨을 쉬어가던 명절, 지금은 기억조차 어렴풋한 풍정이 되었다. 강릉 단오제는 유네스코가 지정한 무형문화제가 되어 보존 전승되고 있다.

오죽헌 : 강원도 강릉시 율곡로 3139번 길 24 (033)640-4457

와우정사 臥牛精舍

 인도에서 가져온 향나무로 만든 세계 최대의 목불상이 누워있는 집숨이다. 입구에 들어서자마자 커다란 석탑 위에 얹힌 불두가 시선을 압도한다. 산책을 하다 보니 집도 절도 다소 낯선 비정형의 풍경이다.

이곳의 부처상과 유물들은 인도나, 중국, 태국, 라오스, 스리랑카, 미얀마 등에서 기증한 것들이 대부분이고 관광객도 동남아 사람이 주축을 이루고 있다. 지난해 외국 관광객이 30만 명이라고 하니 불국사의 관광객 10만 명보다 3배나 많았다. 베를린 장벽, 북극, 히말라야 등 세계의 돌을 쌓아 만든 통일의 탑도 인상적이고 각국에서 온 불상 3000여 점, 특히 태국왕실에서 기증한 금동불상은 이국적이다. 옛 향기는 없지만 상큼한 공기와 따사로운 햇살이 나지막한 산자락에 종일 머문다. 봄바람 서성이는 2월의 끝자락, 올 한해를 비는 축원문을 와불 입구에 걸었다.

무사무사의 한해가 되었으면 하는...

와우정사 : 경기도 용인시 해곡동 산 43번지 총무원 (031)339-0101

외암리 민속마을

  충청도 양반이라고 했던가. 500년 전에 형성된 반가 고택과초가가 있는 마을 앞엔 넓은 시냇물이 흘렀다.

영암댁, 참봉댁, 교수댁, 참판댁, 등 유서 깊은 집들의 택호도 멋지다. 보일 듯 말 듯 나지막이 둘러싼 돌담은 무엇보다 정감 있고 가지런하다. 벗어 놓은 갓처럼 봉긋 솟은 설화산 너머엔 맹사성의 고택이 있는 맹씨행단이 있으니 이 지역은 분명 대표적인 반촌이다. 천수만을 지날 때 하늘위의 철새 떼가 겨울로 가는 부호를 그리며 천천히 날아갔다.

문득 이런 시가 떠올랐다.

하늘 전광판에
문자뉴스 몇 줄 떠오르며 스쳐간다.
겨울 전선 급속히 남하 중
지나가던 허수아비들이
일제히 멈춰 서서 허공을
바라보고 있다.

'기러기 행군' - 오세영

외암민속마을 : 충남 아산시 송악면 외암리 84
민박 체험사무실 : (041)541-0848 관리사무실: (041)540-2654

수몰지에서 구한 신목
용계리 은행나무(천연기념물 175호)

녹음이 산천을 덮고 있다. 망초꽃이 산자락을 덮고 푸른 나뭇잎은 제 몸마저 묻고 있다. 야외 사생을 할 땐 녹색일변도의 풍경이 지루하기만 했다. 지난 사월 나는 한적한 시골에서 이 거대한 은행나무를 어렵사리 찾아냈다. 푸른 물 깊게 흐르던 다리를 건널 때 거대한 은행나무는 마디마디 힘줄이 튀어나올 것 같은 육중한 근육을 드러내고 있었다.

수령 700년, 이렇게 거대한 나무는 보는 것만으로도 긴장감이 솟는다. 줄기며 굵기는 우리나라에서 가장 크다고 한다. 원래 용계초등학교 운동장에 있었으나 임하댐 건설 때 수몰될 위기에서 구출된 것이다. 이 나무를 상식 하는 데는 1990년부터 1994년 까지 4년이 걸렸으며 이후 1999년까지 6년 동안 유지관리를 하였다고 한다.
생명토공법, 요철공법, HB공법 등 토목 공법이 총 동원된 이 공사는 아직도 부목에 의지하며 보호되고 있다. 뒤편의 은행나무기념관에서 이 나무의 이력을 확인할 수 있다.
신목은 인간의 의지처럼 강건히 새 천년을 이어갈 것이다.

용계리 은행나무 : 경북 안동시 길안면 용계리 744

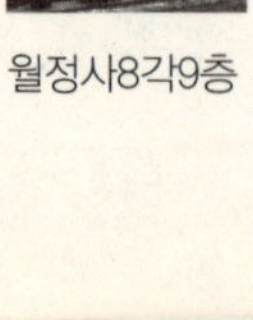

월정사8각9층 석탑 : 강원도 평창군 진부면 오대산로 374-8

월정사

 국보 제 48호 8각 9층 석탑은 고려시대 다각 다층의 전형을 보여주고 있다. 그 앞의 석조 보살 좌상(보물 제139호)의 공양하는 모습도 이채롭다.

적광전과 다각 다층석탑의 조화로운 풍경 또한 정겹고도 포근해 보인다. 남한에 남아있는 유일한 다각다층 석탑구조다. 청명 지나 한식행렬이 고속도로를 메운 전국의 교통망은 상춘객들의 한숨으로 가쁘다. 그러나 어찌하랴 모두가 똑 같은 일들이 동시에 주어진 것을. 스스로를 통제하는 단기출가학교의 힘든 수행 아래 동안거를 끝낸 월정사는 평화롭기 그지없다.

청정한 전나무 숲길도 텅 빈 공허 속을 충만히 데워준다. 전국에 동시다발로 피어난 꽃들은 무슨 궐기처럼 고개를 재끼더니 일부는 벌써 꽃비를 내린다. 날씨가 일찍 따뜻해 졌기 때문이다. 자연계의 현상대로 질서를 유지하는 것이 인생과의 부합이련만, 한꺼번에 피었다 일시에 지는 모습은 참혹하기까지 하다.

은자골 탁배기 - 술익는 마을

　산초두부 집을 지나 고개를 넘자 두메산골 은자골이다. 빛바랜 슬레이트 지붕아래 농가 몇 채가 산자락에 기대어 있고 동구 밖엔 수확한 보릿단이 이삭을 맞댄 채 말리기를 기다리고 있다. 술 익는 마을, 해거름 길에 찾아간 곳은 은자골 탁배기 술도가이다. 잔디밭에서 잡풀을 뽑고 있던 여사장님은 처음 보는 나그네에게 달려 나와 음료수 한잔 대접하라고 직원에게 일렀다. 나는 음료수보다 막걸리 한잔을 축였다. 왕겨를 덧씌워 만든 일제강점기 때의 발효실이 그대로 남아있고 공장이 없는 산골이라 무엇보다 청정하다. 처음 보는 나그네에게 막걸리 맛은 물이 좌우한다며 물맛 까지 보여주었고, 이 고장 삼백쌀을 사용하였다며 막걸리 시음도 해주어 손님대접을 받는 느낌이었다.
정직하고 깨끗한 맛을 시음으로 확인 할 수 있었다. 은자 골 탁배기 병엔 여러 개의 인증마크가 붙어있어 더욱 믿음이 간다.

은척양조장(은자골 탁배기) : 경북 상주시 은척면 봉중리 311 (054)541-6409

저온 완전 숙성의 기술로 마시고 난 뒤 트림이나 두통이 없는 깨끗한 술이며 냉장보관으로 20일 이상을 넘길 수 없는 생 막걸리다. 전국 막걸리축제에서 최고의 막걸리로 선정되기도 한 3대를 잇는 70년 전통의 막걸리다. 적십자사와 연탄은행 등에 정례적으로 기부하며 사회봉사를 임무처럼 수행하는 사장님. 술을 전통음식으로 빚어내는 미학적 전환을 득한 독실한 기독교인의 모습에서 삶의 철학이 무엇인지를 알 것 같다.
저문 길을 술 향기 사람향기에 젖어 달 앞에 구름 가듯 걷는다.

의성김씨종택

고풍의 기와지붕을 바라보며 카메라의 조리개처럼 가까이 다가갔을 때 무언가 어색하고 낯설어 보이던 이 집은 학봉 김성일이 사신으로 북경에 갔을 때, 그곳 상류층 주택의 설계도를 가져와 지은 집이라고 한다. 안채가 사랑채보다 외부에 있고 사랑채는 행랑채의 대문을 거치지 않고 출입할 수 있는 별채의 형태다. 거처로의 기능이 주인에게는 약해보이는 이 희한한 구조는 사랑채에서 손님을 맞는 즐거움이 가정사보다 컸던 주인의 이기적 태도가 엿보여 내심 웃음이 난다. 남녀유별이라는 내외사상이 반영된 것이겠지만 말이다. 아무튼 이 고택의 특수한 구조는 보물450호로 지정되어 보존되고 있다. 한편 임란 전에 일본 통신사로 갔던 동인 김성일은 도요토미 히데요시를 비하하고 침략의 움직임이 없다고 보고하여 서인 황윤길과 전혀 다른 태도를 보였는데 이는 두고두고 양가와 학자 사이의 논란이 되고 있다.

뒤란에서 호박잎 두드리는 소낙비 소리 들리는 밤, 폐부를 훑는 외로움을 견뎌내며 이 캐 묵은 한옥골방에서 하루쯤 지새우고 싶다. 아님 뙤약볕 쏟아지는 오후, 그늘진 툇마루에 누워 시집간 누님같이 그리운 손소희의 〈창포 필 무렵〉을 읽어도 좋겠다.

의성김씨 종택 : 경상북도 안동시 임하면 경동로 1949-9 (천전리)

뜰 안 회화나무에서 쌔롱매미 울어대는 저녁, 뒷마당에서 무쇠솥뚜껑에 부추전을 부쳐내는 어머니 곁에 쪼그려 앉은 소년이 되고 싶다. 부슬비 오는 고택을 거닐다가 문득 이런 시가 생각났다.

> 내가 잠든 사이 울면서
> 창문을 두드리다 돌아간
> 여자처럼
>
> 어느 술집
> 한 구석진 자리에 앉아서
> 거의 한마디 말도 하지 않은 채
> 술잔을 손으로 만지기만 하던
> 그 여자처럼
> 투명한 소주잔에 비친 지문처럼
>
> 창문에 반짝이는
> 저 밤 빗소리
>
> 빗소리 – 박형준

의좋은 형제 마을, 예산

 황금 들판은 텅 비었고 베어낸 벼는 논바닥에 누운 채 햇살을 받아들이고 있다. 내포평야를 지나와 예당저수지가 보이는 대흥 마을에 이성만 형제효제비가 있다. 초등학교 2-2 국어 교과서에서 읽은 의좋은 형제의 현장이다.
형제의 이야기는 신증동국여지승람에 기록되어있다. 또한 연산군 3년에 세워진 효제비가 1978년 발견됨으로서 의좋은 형제가 이 마을의 실존인물임이 밝혀진 것이다. 깊은 밤 몰래, 형은 아우에게 아우는 형에게 벼를 더 주려고 낟가리를 옮겨 쌓기를 반복하다가 어느 달밤에 마주쳐 얼싸안는 이야기의 발원지다.
초등학교수업시간이 되살아난다. 슬로시티로 지정된 이 마을은 옛 모습을 보존하고 있는 대흥동헌과 백제부흥의 성 임존성, 그리고 대흥향교가 있다. 그밖에도 수령천년이 넘는 배맨나무와 원줄기에서 느티나무가 자라 공생하고 있는 수령600년의 대흥향교 은행나무가 있다.
논두렁길을 느리게 돌아 나온다. 발효된 가을이 단풍든 잎을 차곡차곡 내리는 길을 걷다가 문득 이런 시를 생각해 냈다.

추억은 효모와 같은 것

허공으로 부풀어 오르는

느슨한 시간의 두꺼비 집에

새 퓨즈를 갈아 끼우고

한때는 푸르름이었던 우리 사랑의

진원을 힘껏 올리면

일시에 커지는

너에게 가는 스위치

수천수만 촉수의 그리움이 켜진다.

'만추.2-은행나무'- 김명원

대흥슬로시티 : 충남 예산군 대흥면 중리길 49 (041)331-3727

이천백송

 지난 가을 책갈피에 넣어둔 단풍잎은 바스러질 듯 건조한 미라가 되었다. 장롱 속 나프탈렌 같은 색 바랜 내음, 얼음 속에 흐르는 냇물처럼 시간은 보이지도 잡히지도 않으면서 급히 흘렀다. 무표정한 겨울은 영혼 없는 눈사람처럼 부동자세로 선채 차갑게 윙윙대지만 산비둘기 소리 내려오고, 노고지리 소리 솟아오르는 춘삼월 풍경도 머지않으리.

봄빛을 꿈꾸고 있는가?
이천 백송은 하얀 가지를 깃발처럼 날리고 있다. 다소 불안정한 기슭에서 포즈를 잡은 이 멋진 백송은 나의 마음을 단숨에 당겨왔다.안정된 구도를 유지하고 있는 자세는 더욱 멋지다. 아름다움을 능가하는 수식어는 멋지다는 것. 겨울이 갈 때 까지 이 하얀 소나무를 내안에 심어 두리라.
풍상을 견디며 광활하고 기상있게.

이천백송(천연기념물253호) : 경기도 이천시 백사면 신대리 산 32

익산 미륵사지, 석탑

　백제의 고결한 힘이 집약된 국보11호 미륵사지 석탑은 동양최대 최고를 수식하고 있다. 목탑이 석탑으로 진화되어가던 시기의 시원을 이룬 빼어난 석탑의 진수는 나를 잠시 상상의 범주 밖에서 떠돌게 했다. 스스로를 지탱하기가 어려웠던 폐허의 허물을 벗고 해체 11년째 복원중 이다. 밑바닥을 흉터처럼 드러낸 흔적만 보고 새로이 복원한 동탑으로 발걸음을 옮긴다. 너무나 단정한 새 탑이어서 웅장함을 견지해 내기가 어렵지만 새로이 탄생될 서탑과 함께 천천히 시간의 무늬를 만들어갈 것이다. 넓디넓은 절터를 산책하다보면 전설 같은 오래된 향기가 난다. 소멸된 시간에서 풍겨오는. 나는 문득 백제의 오래된 무늬 앞에 이런 비정형의 시 한 편이 생각 났다.

미륵사지 : 전북 익산시 금마면 기양리 32-2 (063)290-6799

나의 무지(無知)는 어제 속에 잠든 망해(亡骸)

세자아르 프랑크가 살던 사원 주변에 머물렀다.

나의 무지는 스테판 말라르메가 살던

목가(木家)에 머무렀다.

그가 태우던 곰방댈 훔쳐 내었다

훔쳐낸 곰방댈 물고서

나의 하잘 것이 없는 무지는

반 고흐가 다니던 가을의 근교

길바닥에 머물렀다.

그의 발바닥만한 낙엽이 흩어졌다.

어느 곳은 쌓이었다.

나의 하잘 것이 없는 무지는 장 폴 사르트르가

경영하는 연탄공장의 직공이 되었다.

파면되었다.

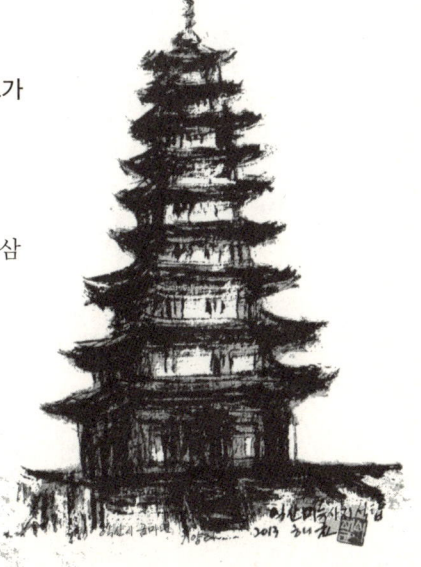

앙포르멜 – 김종삼

인사동에서

　국립현대미술관 서울관에서 박생광의 전봉준을 보고 인사동으로 간다. 전봉준의 상투와 흰 바지적삼이 애달파 한잔 할까하고. 인사동에 들어설 때 권진규의 자소상이 떠올랐다. 언젠가 인사아트에서 전시된 그의 작품이 뇌리에 머물고 있었던가보다.

조각가 권진규는 자살직전 앳된 비구니의 얼굴을 빚었다.
평생 얼굴만 만들어온 대가의 작품치곤 의외였다 어느 청명한 가을날 칠번 국도변 작은 휴게소에서 한 비구니는 오래도록 거울 앞을 떠나지 않았다. 들여다보고, 또 들여다보면서 마치 더 깎을 것이라도 남아있는 듯....

이홍섭 시인의 시 "적멸"이 풍금처럼 울려왔다.
금방 눈이라도 쏟아질 것 같다.

인사동에 눈이 올 것 같아서 궐 밖을 빠져나오는데 누군가
퍼다 버린 그리움 같은 눈발, 외로움이 잠시 어깨위에 얹힌다. 눈발을 털지
않은 채 저녁 등이 내 걸리고 우모보다 부드럽게 하늘이 잠시 그 위에
걸터앉는다. 누군가 댕그랑거리는 풍경소리를 눈 속에 파묻는다.
궐 안에 켜켜이 쌓여있는 내 생의 그리움, 오늘은 인사동에 퍼다 버린다.

　김종해 시인의 시 '인사동으로 가며'를 뇌다가 화수공담에서 평론가 K씨가 한 말을 떠올렸다. 그는 왜 내 앞에서 나르시시즘을 얘기했을까? 왜 동굴로 들어가라 했을까?
그곳에서 도나 닦고 살다 죽으라는 것이었을까?

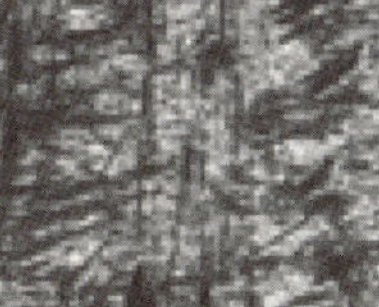

인사동길 : 서울시 종로구 인사동 종로2가 37-5 ↔ 송현동 71-1

임청각

　봄비로 깨우친 삼라만상은 더욱 선명하다. 열차가 지나간 지하도를 지나자 국보16호 법흥동 7층 전탑이 보이고 그 옆에 임청각이 있었다. 영남산과 무산을 낀 협곡에 낙동강이 흐르는 풍광은 배산임수의 명당이 느껴진다. 한때 강릉의 선교장과 더불어 우리나라 민가의 최고봉이라고 불리던 99칸 고택을 일제가 중앙선 철도부설을 구실로 마당 가운데를 잘라내어 철길을 만들었다. 석주이상룡 선생의 행적을 못마땅하게 여긴 의도적인 만행이다. 선생은 국치를 보다 못해 노비문서를 불태우고 조상의 위패마저 뒷산에 묻은 채 비장하게 간도로 갔다. 임산부가 낀 가족을 동반한 엄동설한에 걸어서. 그곳에서 목숨을 거두었고 아들과 손자를 포함한 아홉 명의 독립 유공자를 남겼으나 후손은 이 집의 소유권마저 잃었다. 애국이 매국보다 푸대접인 세상. 에라, 간고등어 구워 월영교 앞 헛제사밥집에서 독한 안동소주 한잔 들이킨다. 캬~

　법흥동 7층전탑은 보수공사 중이었다. 산자락으로 흘러내린 낙화를 쓸어 담은 강물은 벌써 먼 곳으로 흘러내렸다. 연둣빛 실버들은 비 맞은 오골계 처럼 움츠리며 바람에 떨었다. 이스스 춥다가 잠시 달궈진 봄은 이내 저물 것이다. 어쩌면 짧은 봄보다 더 짧게 지나간 것이 청춘이었던 것 같다. 문득 이런 시가 생각난다.

꽃이 지고 있습니다.
한 스무 해쯤 꽃 진 자리에
그냥 살았으면 좋겠습니다.
세상일 마음 같진 않지만
깨달음 없이 산다는 게
얼마나 축복받은 일인가 알게
되었습니다.

한순간 깨침에 꽃 피었다.
가진 것 다 잃어버린
저기 저, 발가숭이 봄!
쯧쯧
혀끝에서 먼저 낙화합니다.

봄날은 간다 - 김종철

임청각(보물182) : 안동시 법흥동 20 (054)853-3455
법흥동7층전탑(국보16호) : 안동시 법흥동 8-1
헛제사밥(안동민속음식의 집) : 안동시 상아동 513-2 (054)821-2944

정동진 해돋이

　광화문의 정 동쪽에 있는 바닷가. 옛 사람들은 어떤 이유로 방향을 관통했을까. 바다와 가장 가까운 역 정동진에 온 건 서울에서 수 시간을 지나 한해가 바뀐 새해 벽두다.
동쪽은 해가 뜬다는 상징적 방향성 때문에 설레는 첫 마음을 모두가 옮겨 오나 부다. 붉은 해가 떠올라 가슴을 환히 밝혀줄 때 사람들은 이 세상에서 가장 사랑하는 사람을 떠올리리. 함께 한해를 가자는 결속을 위해, 감춰진 것들에 대한 간절한 소망을 구현하기 위해, 사람들은 밤새 이곳으로 와 새벽 바다를 거닌다. 가족, 연인, 친구처럼, 사랑의 울타리가 있다는 건 얼마나 행복한 삶인가. 그런 사랑의 영원성이야말로 우리 곁에 존재하는 가장 큰 희망과 용기가 되리라. 해는 전혀 엉뚱한 곳에서 아주 협소하게 떠올랐다. 한해 한번뿐인 이날 이 순간은 여전히 흥분된다. 내 앞에 전개될 올해의 일들이 새삼 궁금하다. 첫줄이 아름다운 시를 어서 쓰고 싶다.
첫 마음을 잊지 말자는.

정동진(正東津) : 강원도 강릉시 강동면 정동진리 (033)640-4536

첫 줄이 아름다운 시를 쓰고 싶다.
세상 안쪽이 다 만져지는 시를 쓰고 싶다.

가보지 않은 마을에도 금잔화는 피고
안 보이는 길 끝에도 어제까지 없던 집이
새로 지어진다.
(......)
그러나 봄은 한 해의 첫 행
아침은 하루의 첫 줄이라고
그보다 더 아름다운 것은 세상에 없다고
난생 처음 시를 읽는 사람
이 세상에 시라는 것이 있음을 처음 안 사람
그 한 사람만이 읽어도 좋을 시를

나는 생애에 꼭 한 편만이라도
첫 줄이 아름다운 말로 쓰고 싶다.

첫 줄이 아름다운 시를 쓰고 싶다 - 이기철

죽은 향나무

　화성시에 소재한 920살 향나무다.
수령 900년이라면 속장경이 간행되고 윤관이 여진정벌 하던 고려시대 사람들과 살아와 지금에 이른 것이다. 수년전 이 나무를 찾았을 땐 이미 불에 탄 듯 까만 고사목이었다. 그땐 그래도 잔가지가 꽤 뻗쳐있었다.
제 몸을 비틀어대는 단단한 근육질이 인상적이어서 다시 찾아오게 되었다. 그러나 놀랍게도 세월의 풍화는 죽은 나무조차 휩쓸고 갔다. 날카롭던 잔가지들이 사라지고 앙상한 뼈만 남은 것이다. 그래서 더욱 강렬한 형상이다. 악어와 싸우는 아나콘다처럼. 파릇한 보리밭위에서 나무는 아직 이집트 왕의 미라같이 영생을 꿈꾸고 있는 듯하다.

　풍상과 마주한 죽은 나무의 힘! 그곳에 가면 늘 생명을 기억하라는 푸른 봄을 꿈꾸게 된다. 문득 거친 민중시 한 편을 떠 올렸다.

죽은 향나무 : 경기도 화성시

풀을 밟아라.
들녘에 매 맞은 풀

맞을수록 시퍼런
봄이 온다.

봄이 와도 우리가 이룰 수 없어
봄은 스스로 풀밭을 이루었다.

이 나라의 어두운 아희들아
풀을 밟아라.

밟으면 밟을수록 푸른
풀을 밟아라.

답청(踏靑) - 정희성

지촌제청芝村祭廳, 안동

숙종(1712) 때 지은 의성김씨 지촌 김방걸의 종택과 제사祭祀이며 서당書堂 강당講堂 등으로 이루어진 것을 임하댐 건설로 수몰될 위기에서 이곳으로 옮겨 보존된 고택이다.

경상북도는 이를 문화재로 지정하였고, 다시 문화부로부터 예술 창작촌으로 지정받아 운영하고 있다. 지례예술촌은 전통 가옥을 예술인의 창작터로 사용함으로서 사람이 살지 않으면 무너지는 고 건물의 특성에 생산적 유지보전의 본보기가 되고 있다. 촌장님은 퉁명한 경상도 사투리에 이따금씩 한마디 던지시면서 처음 본 나그네를 손짓으로 안내하셨다.

건물의 가장 높은 곳에 자리한 별채의 방문을 여시더니 들어오라고 하신다. 시인인 촌장님이 책 더미를 보여주시려나 보다 했는데 바로 옆의 빈방을 가리킨다. 영문을 몰랐지만 문지방 앞에 앉아 바깥을 내다보라는 거였다. 아! 순간 나는 환영의 절벽으로 날아갔다. 임하호의 가득 찬 푸른 물과 꿈인 듯 떠 있는 먼 산, 선경은 이런 것을 일컫는 이상세계 이리라.

지촌제청(지례예술촌) : 경북 안동시 임동면 박곡리 1182~1 (054)822-2590

진주성과 남강

　진주라 천리 길 멀고도 멀다.
진주성은 백제 때 토성으로 시작하여 고려 말에 석성으로 축조한 유서 깊은 성이다. 숭례문이나 수원의 팔달문이나 모두가 성루만 남아있어 날개 잃은 학처럼 외로워 보이지만 공북문은 긴 성벽이 둘러쳐져 안온해 보인다. 김시민 장군이 민간인들과 함께 목숨 걸고 싸웠던 임란 3대첩의 뼈아픈 현장이기도 하다. 진주성이 아름다운 건 무엇보다 촉석루가 있기 때문일 것이다. 대동강 부벽루에 비견했다는 이 누각은 외장을 남강에 수장한 논개의 혼 때문에 더 큰 명소가 되었다.

　임란 때 불탄 것을 광해군 때 복원하여 국보가 되었으나 불행히도 6.25 때 다시 불타고 말았다. 진주냉면을 먹으려고 황급히 성을 빠져나왔다. 그러나 해도 저물기 전에 문을 닫았다. 오늘 팔 냉면은 이미 소진됐나보다. 또 다른 진주냉면 하연옥에서 육전이 들어간 쫀득한 면발에 진한 해물육수를 숨 가쁘게 들이킨다. 산다는 것은 먹기 위한 끝없는 시작인 것,

진주성 : 경남 진주시 남성동101-1 (055)728-0111
진주냉면 : 경남 진주시 강남동14 (055)766-2525
하연옥 : 경남 진주시 이현동 1191 (055)741-0525

참소리 축음기 박물관

 진짜가 된다는 것은 아름다운 고통이다. 한 위대한 컬렉터에 의해 이곳은 전세계축음기와 에디슨 발명품의 1/3을 소장한 최고의 박물관이 되었다. 손성목 관장은 여섯 살에 선친이 물려준 콜롬비아 축음기 G241에 매료되어 수집본능이 시작되었다고 한다. 교통사고, 강도, 피습 등 10여 차례의 목숨 건 위험을 넘겼으며 운명적으로 에디슨을 만났다.

인류 최초의 TV, 축음기 발명전의 오르골, 150여 종의 내장형 축음기를 본다는 것은 경이로운 일이다. 세계적으로 전문화되는 추세에 편승해 특화된 이 박물관은 아직도 3500여 점의 소장품이 수장고에 갇혀 있다. 음악 감상실에서 레하르의 오페레타 미소의 나라 중 그대는 나의 모든 것을 소름끼치며 듣는다.

그리고 매킨토시 MC1000TR 앰프에 그 이름도 설레는 자디스의 유리스미 스피커로 듣는 넬라판타지아는 나의 모든 음악성을 송두리째 함몰시키는 충격이었다. 또한 세계최대의 축음기 박물관으로 에디슨의 최초 축음기를 비롯한 4500여 점이 수집되어있으며 에디슨 과학박물관과 이원화되어있다.

박물관은 연관된 소장품수집의 확대와 교육프로그램을 지속적으로 확대해 나갈 것으로 보인다. 실제로 영화박물관이 예정되어있고 대영박물관이나 루브르박물관과 같은 최고의 박물관으로 웅비할 야심찬 계획을 갖고 있다. 한때 음악 감상과 오디오에 빠지기도 했던 나는 자랑스러운 이 박물관에 깊이 매료될 수밖에 없다.

넬라판타지아의 여운을 안고 나는 또 하나 강릉의 명물 초당 순두부를 먹으러 경포 호숫가를 바삐 걸었다. 송림 속에 동화 같은 동화가든이 순두부의 참맛을 겸허히 보여주었다.

참소리축음기박물관 : 강원도 강릉시 저동36-1, 입장료(일반)7000원 (033)655-1130
동화가든 : 강릉시 초당동 순두부길 77-15 (033)652-9885

청태산 자연휴양림에서

  청태산 자연휴양림은 너무 험하지도 않고 너무 편하지도 않은, 산책하는 등산로로 최적이다. '샐비어 같은 약초를 가꾸듯 가난을 가꾸어라. 옷이든 친구든 새로운 것을 얻으려고 너무 애쓰지 마라. 헌 옷은 뒤집어서 다시 짓고 옛 친구에게로 돌아가라.' 헨리 데이비드 소로우의 잠언이다.

월든 호숫가에서 자연의 일부로 산 그를 사람들은 초월주의자 낭만주의자. 자연주의자 등으로 수식한다. 하지만 그도 꿈을 벗어나지 못한 이상주의자가 아니었을까? 그를 19세기 최고의 사상가라고 하지만 현실을 조롱하는 위장으로 결국 원형을 찾아갔다는 생각이 든다. 다시 월든 호숫가를 떠나 연필공장의 가업을 승계하다가 폐결핵을 얻어 44세의 이른 나이에 목숨을 내려놓았으니까. '이제야 멋진 항해가 시작되는군.' 그는 절명하며 나지막이 이렇게 말했다. 죽음으로부터 완성되는 게 사상이고 이상일까?
불편하지만 냉소적인 내게 동의를 구한다.

청태산 자연 휴양림 : 강원 횡성군 둔내면 청태산로 610 (033)343-9707

추사고택

 예산에 접어들자 사과향기가 상큼하게 전해온다.
풋 사랑에 주체하지 못하는 사춘기 소녀처럼 수줍게 얼굴을 붉힌 가을사과. 계단을 오르자 추사의 사랑채가 있고 세한도가 그의 초상처럼 걸려있다. 아담한 정원은 그의 학문처럼 풍모를 지닌 채 ㅁ자 안채로 이어진다. 이 집이 서울에 있을 때 화순옹주가 추사의 증조부와 살았던 곳이다.
말다툼 끝에 사도세자의 벼루에 맞아 비운에 간 증조부 김한신, 화순옹주는 슬픔을 못 이겨 단식 끝에 목숨을 잃었다. 후일 김한신의 큰형의 셋째 아들이 옹주의 양자가 되어 대를 잇게 되고 추사는 김한신의 종손 김노경의 아들로 태어나 백부 김노영의 양자가 된다. 부근엔 정조가 세워준 화순옹주의 열녀문 홍문이 있으며 정조의 둘째딸 화순옹주의 무덤과 두 부인을 합장으로 받아들인 김정희의 묘, 그리고 그의 웅혼한 글씨들이 숨 쉬고 있는 기념관이 있다. 무엇보다 추사가 청나라에서 씨앗을 가져와 심었다는 백송이 분신처럼 이곳에 유유자적 살아있다.

추사고택 : 충남 예산군 신암면 (041)330-8242

태백, 이상향의 관문 구문소

 낙동강 발원지 황지는 태백시의 한 복판에 태아를 품은 자궁처럼 똬리를 틀었다. 이어진 황지천은 맑은 물을 확장시켜 흐르며 바위산을 뚫고 소沼를 이뤘다.

1억 5천만 년에서 3억만 년 전에 형성된 고생대의 퇴적환경과 하천의 변천사를 간직하고 있는 석회암 동굴로, 한때 경상도 사람들이 금맥金脈을 찾아 태백으로 모여 들었던 이상향의 관문이 구문소다. 그 옆으로 또 하나의 석문이 뚫려 길을 잇고 있다.
하얀 눈은 소를 덮고 물길은 철암천에 합류해 낙동강의 원류가 된다. 설원에 무용한 잡념을 내린다. 생각의 일들에 휴식을 줘야지. 흰 눈이 달포쯤 덮인 분지에서 모성애 같은 그리움이 고향집 아랫목처럼 아득히 전해온다. 쓸쓸함이 빈혈처럼 몰려오는 눈길, 나는 문득 세월의 폭력에 외로운 시 한편을 칡뿌리처럼 씹어 본다.

황지 : 강원도 태백시 황지동 25-4 (033)550-2081
구문소(천연기념물417호) : 강원도 태백시 동점동 산 6-3(동태백로11) (033)550-2828

사공이 사라진 하늘의 뱃전
구름은 북쪽으로 흘러가고
청춘도 병도 떠나간다.
사랑도 시도 데리고

모두 떠나가다오
끝끝내 해가 지지도 않는 이 땅의
꽃 피고 꽃 져도
남아도는 피의 외로움뿐
죽어서도 철천지 꿈만 남아
이 마음의 독은 안 풀리리니

모두 데려가다오
세월이여 길고 긴 함정이여

억울함 - 최승자

파사성

　떡방앗간의 가래떡이 꾸역꾸역 쏟아져 내리는 장바닥을 꺼벙하게 걸어가는 거리는 온통 나른하다. 뚝배기를 핥던 파리 한마리가 춘곤증에 꾸벅거리는 순댓국밥집 안에서 주인아줌마의 하품이 아지랑이처럼 나풀댄다. 후배나 불러 오소리감투에 쐐주 한잔 걸칠까 하다가 그만두고 엉거주춤 돌아오는 춘 삼월. 달아오른 천서리 막국수 생각에 불가피하게 길을 나섰다. 우선 신라 파사왕 때 축성한 파사성에 올랐다. 허물어진 산성은 임란 때 유성룡의 건의에 따라 승군을 동원하여 더욱 확대해 쌓은 것이라고 한다. 비교적 잘 보존된 산성이지만 조선후기에 남한산성의 비중이 커지자 쇠락했다.
산 아래 남한강 이포가 선경처럼 아름답게 펼쳐졌다. 에라, 목구멍의 황사나 씻으러 가자. 천서리 막국수에 편육 곁들여 결정적으로 한잔 꺾어야겠다. 낯선 이포보가 심기를 거슬리지만 유성룡이 이곳에서 지은 시 한수는 기개가 넘친다.

婆娑城上草芊芊　　파사성 위엔 풀이 무성하고
娑城下水縈廻　　　아래에는 물이 둥글 굽어 돈다.
春風日日吹不斷　　봄바람은 날마다 끝없이 불어오고
落紅無數飛城隈　　지는 꽃잎은 무수히도 성 모퉁이에 날린다.
道人神眼覰天奧　　도인의 신령한 눈, 하늘의 진리 살피고
夜昆明生刼灰　　　한밤에는 곤명지에 탄 재가 생겼구나.
金剛百萬奉指揮　　금강역사 백만이 지휘를 받드니
尺劍長嘯臨江臺　　큰 칼 긴 휘파람 불며 강의 누대에 서있다.

　　천서리막국수집은 이명박 대통령이 다녀간 듯 "이 막국수집이 앞으로 크게 번창해서 장사가 잘 됐으면 좋겠다는 소원 먼저 얘기합니다." 라는 대통령의 글과 사인비가 있어 머쓱했다.

　　이포보를 개방한 날 대통령이 다녀간 듯하다, 4대강을 망쳐놓은 것을 생각하면 막국수 맛에 재를 뿌린 것 같지만 이 집은 수년전에 왔을 때보다 한결 깨끗해졌고 맛도 게운 하다. 편육 맛도 일품이고 서비스도 좋아졌음을 확인할 수 있다. 여행에서 먹는 즐거움이 없다면 무의미하지 않을까?

파사성(사적251호) : 경기도 여주군 대신면 천서리 산8-10

횡성 풍수원 천주교회

중세의 고딕양식이 이곳까지 전파되었다니, 아스라이 그려지는 건 근대 유산이다. 순조 때의 신유박해, 고종 때의 병인, 신미양요로 탄압받은 신도들이 피난 온 곳. 1890년 프랑스인 르메르 이李신부가 초가 사랑방으로 출발한 한국 4번째 천주교회다. 지금의 교회는 제2대 정규하 신부가 설계 하여 고종10년 착공 이듬해(1907) 완공하였는데 이는 우리나라 사람이 지은 최초의 교회라고 한다.

예배당의 그림들이며 맞춤법이 구축되지 않은 옛 글씨들도 고풍이 묻어나지만 겟세마네 언덕 가는 십자가의 길은 전생의 죄까지 자백해야 할 것 같다. 이곳에 숨어 와 벽돌을 구워 팔며 살았다는 초기 신자들. 그래서 일까? 무엇보다 아름다운 건 모자이크 식 벽돌로 장식한 진입로다. 샐비어가 상사병 환자처럼 열꽃 핀 몸을 비틀어대고, 들깨 향기 묻어오는 추색 들판위로 높푸른 하늘이 가을엽서처럼 걸렸다.
나는 오솔길 걸으며 풀잎 같은 시 한편 꺼내어 읽는다.

풍수원 성당 : 강원도 횡성군 서원면 유현 2리 1097 (033)343-4597

낡고 외진 첨탑 끝에 빨래가
위험하게 널려있다.
그곳에도 누가 살고 있는지
깨끗한 햇빛 두어 벌이
집게에 걸려 펄럭인다.
슬픔이 한껏 숨어있는지
하얀 옥양목 같은 하늘을
더욱 팽팽하게 늘인다.

주교단 회의가 없는 날이면
텅빈 돌계단 위에 야윈 고무나무들이
무릎 꿇고 황공한 듯 두 손을 모은다.
바람이 간혹 불어오고
내 등 뒤로 비수처럼 들이댄
무섭도록 짙푸른 하늘.

어떤 개인날 −노향림

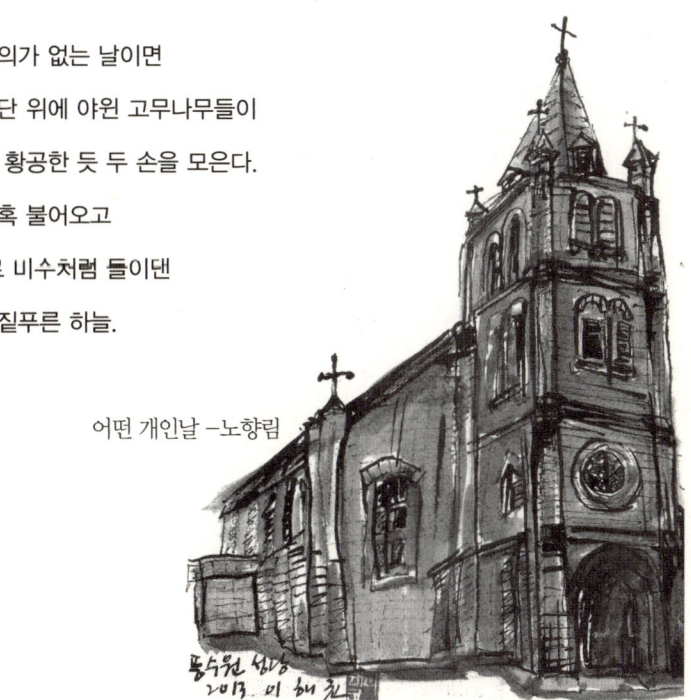

필암서원

　필암서원은 이황과 함께 성리학을 닦았으며 도학, 절의, 문장에 모두 탁월 하였던 하서 김인후 선생을 추모하기 위해 전남 장성에 세워졌다. 호남에서는 유일하게 문묘에 배양되었으며 대원군의 서원철폐령도 비껴간 유서 깊은 서원이다. 확연루는 서원의 출입문과 문루역할을 겸한 유생의 휴식공간으로서 마음이 맑고 깨끗하여 트여있고 크게 공정하다는 확연대공廓然大公에서 따온 것이며 현판 글씨는 송시열 선생이 쓴 것이다. 일반적으로 서원엔 모시는 선생의 문집을 새긴 목판을 보관하는 곳을 장경각藏經閣 또는 장판각藏板閣이라 한다. 경장각은 필암 서원에도 하서 김인후 선생의 문집과 초서천자문 등이 장판각에 보관되어 있다.

장판각과 별도로 경장각을 따로 지어 보관한 것은 하서 선생의 가르침을 받은 조선 12대 임금 인종이 내린 묵죽도墨竹圖의 판각을 보관하기 위해 따로 지은 것으로 보인다. 현판의 글씨는 정조임금의 글씨이다. 흘러가는 구름 같은 초서의 영혼이 느껴지는 글씨이다. 이곳엔 유물전시관이 따로 있어 서원의 내력을 알 수 있어 좋았다. 장미꽃 붉게 타는 오월이 아직 곁에 있다. 시절은 하수상하지만 세월은 아픈 상처를 떼어놓고 릴케의 시처럼 불합리하게 흘러간다. 오오장미여! 순수한 모순이여! 라는.

필암서원 : 전남 장성군 황룡면 필암리 3 (061)394-0833

 장미꽃 붉게 타는 오월이 아직 곁에 있다. 시절은 하수상하지만 세월은 아픈 상처를 떼어놓고 릴케의 시처럼 불합리하게 흘러간다. 오오장미여! 순수한 모순이여! 라는. 하서 김인후선생은 전라남도 장성에서 태어났다. 김안국의 제자로 수학하였으며, 후에 성균관에 들어가 유생이 되어 이황과 함께 학문을 닦았다. 중종 때 문과에 급제하여 승문원 정자에 등용되었다. 명종이 즉위하고, 을사사화가 일어나자 병을 이유로 장성에 돌아가 성리학의 연구에 몰두하였다. 이황의 이기 일물설에 반대하였으며, 이기는 혼합해 있는 것이라고 주장하였다. 천문·지리·의약·산수·율력에 정통하였다. 저서에 《하서집》,〈주역관상편〉등이 있다.

낙엽 지는 가로수 길 따라
한국가구박물관

삼청동을 지날 때 은행 알이 곤두박질 치며
파열음을 낸다. 메멘토 모리! 죽음을 기억하라는 메시지처럼 플라타
너스 큰 잎도 뚝뚝 떨어져
뒹군다. 센티메탈 이라는, 서정시를 잃어버린
건조함이 차라리 외로움을 견디게 한다.

    다색의 낙엽이 곱게 누운 포도를 걷다가 한국가구 박물관을 만났다. 〈한국 알리기〉라는 한 수집가의 집요하고 숙명적인 명제가 이런 멋진 공간을 이룩해 냈다. G20정상의 부인들이 오찬을 했고, 시진핑 주석과 박근혜 대통령이 오찬을 한 실내는 한옥의 아름다움을 섬세하고 따사롭게 전해준다.
사랑채에 앉으면 멀리 남산이 보이는 풍경, 방안에서 담 너머 자연을 들여놓는 한옥의 정감어린 건축구조는 미학과, 철학과, 선비 정신이 결합된 최고의 공간미를 이루고 있다. 이곳에 수집된 가구며 공예품은 낯설지 않지만, 느티나무로 만든 가구의 무늬는 용이 꿈틀거리는 형상이어서 신비롭기까지 하다. 먼 미래로부터 현재를 당겨볼 수 있는 컬렉션의 화려함은 이 가을에 만난 예기치 않은 손님처럼 따뜻하고 반가웠다.

한국가구박물관 : 서울 성북구 성북동 330-577 (대사관로 121) (02)766-0168

현풍팽나무와 100년 도깨비 시장

현풍 시장을 가다가 우연히 400년 보호수 팽나무를 만났다. 조우는 어쩌면 운명적인 필연의 만남이 아닐까? 긴 세월을 살아낸 노목은 공터의 공간에서 밀려나 점점협소해진 자리를 간신히 지켜내고 있었다. 사람들은 배려라는 위장으로 나무를 죽이지만 않았을 뿐 바로 옆까지 콘크리트 더미를 쏟아 양생한 터였다. 미필적 고의라고 할까! 그러나 나무는 아랑곳 않고 수직으로 뻗어 올라 무성한 잎을 솟구치고 있었다. 현풍시장은 다양한 먹거리 장터와 갖가지 특산물로 풍성했다. 도라지, 생강, 송이버섯, 우엉 등이 수북이 쌓였는데 소구레 국밥집은 커다란 가마솥을 걸어내어 모락모락 김을 부풀렸다. 길바닥에 주저앉아 막걸리 잔을 기울이며 국밥을 먹는 아저씨는 가장 행복한 순간인 듯 땀에 젖어 얼큰히 붉었다. 어탕국수도 먹고 싶고, 팥죽도 먹고 싶고, 부추전도 간절하지만 나는 시장 한쪽에서 들깨가루 듬뿍 들어 간 메밀 손칼국수를 먹는다. 뜨끈하고 구수한 국물에 현풍막걸리 한잔 곁들여.

현풍시장 : 대구 달성군 현풍면 현풍로6 (053)668-2645

화진포

　김일성 별장이라고 통칭하는 언덕 위의 집에서 바라보는 화진포 해수욕장은 동화처럼 아름답다. 계절이 옮겨가는 해변은 벌써 허전하다. 벌거벗은 인해로 지쳐있던 모래사장은 적막하고, 바닷물만 들어오고 나가며 하릴없이 외롭다. 인생도 그럴까? 푸르른 젊은 날이 가면 아무도 마음 닿지 않는 조금씩 허전한 빈 바다가 되는 것일까. 파도는 점점 차갑게 철썩이며 겨울이 오고 흰 포말의 아우성을 멈추지 않을 것이다. 문득 이런 시가 떠오른다.

세상의 모든 아름다운 추억은
사치처럼 화사한 슬픔 뒤에 숨고
아무 낙이 없을 때 사람들은 배운다
고독을 견딘다는 게 얼마나 힘든 건지
보아라, 한차례 영광이 지나간
폐허의 가슴에선 늦가을 햇살처럼
빠르게 반복되는 희망과 좌절이
다시 또 반복되는 기쁨과 슬픔이
얼마나 꿈 같은가 그럴 땐 마치
머나먼 바닷가 인적 없는 마을에
꽃피고 지는 아득함만큼이나
아무도 모르게 고개를 끄덕이며
누구나 나중에는 생각할 것이다
돌아보면 참 길게도 오만했다
내 젊음은 하필이면 그때였단 말인가, 고

　　　'젊음을 지나와서' 중에서 -김형수

　이승만 초대대통령 별장, 이기붕 별장, 김일성 별장 등이 있는 것만으로도 이곳이 절경임을 짐작할 수 있다. 속초시장, 아바이 순대도 푸짐하고 만석 닭강정도 유명하지만 뭐니 뭐니 해도 이곳의 명물은 '생활의 달인 남포동 원조 찹쌀 씨앗 호떡'이라고 긴 간판을 해 놓은 호떡집이다. 20여 미터의 줄이 줄어들 기미를 보이지 않아 시장을 한 바퀴 돌고 왔는데 아직 그대로다. 도저히 줄서서 기다리기엔 시간이 안 될 것 같아 상인회 회장님을 꼬여 뒷문으로 들어가 간신히 맛보았다. 젊은이들이 좋아할 뭐랄까, 호떡이라기 보단 전병 같기도 하고 장떡 같기도 한 고소한 맛이다. 사람의 심리는 이 긴 줄에서 낙오되고 싶지 않은 그래서 꼭 도전하여 해결하고픈 욕구가 발동하는 것이리.

화진포해수욕장 : 강원도 고성군 현내면 초도리 (033)680-3357
찹쌀씨앗호떡 : 강원도 속초시 중앙동 중앙시장 내 쉼터 앞 010-3920-0462

어디서 무엇이 되어 다시 만나랴 –환기미술관에서

　가을이 아직 문을 닫지 못하고 있는데 찬바람 휘몰아쳐 남아있는 낙엽마저 포화처럼 흩날린다. 11월의 회색빛 하늘은 사랑하는 사람을 떠나보낸 듯 공허하다. 마지막 잎을 떨궈 낸 나목은 파산선고를 받은 듯 차라리 홀가분해 보인다. 난로 위에 양은 주전자를 올려놓고 물 끓는 소리를 듣고 싶다.

삶은 소유하는 게 아니라 있음이라는, 현재를 당겨 앉아 문밖의 가랑잎 구르는 소리를 들어야겠다. 첼로소리 들리는 실내에서 국화차 한잔 마시며 그윽한 시 한편 가슴으로 흡입하고 싶은 만추. 좁은 골목 위 언덕에서 탄생100주년을 맞은 환기미술관을 만났다. 그의 스케치작품들은 너무나 생생하여 숨결이 느껴진다. 3층으로 이어지는 그림을 따라가며 외롭고 짧았던 현대회화의 거장 앞에 절로 숙연해졌다. 고향 신안 섬마을의 뻐꾸기 소리를 화포에 심은 영혼, 김광섭의 시로 만든 〈어디서 무엇이 되어 다시 만나랴〉는 시가그림이고 그림이 시인 종합예술이었다. 언젠가 모든 떠나간 별들이 나의 이웃이 되어 다시 만나리.

저렇게 많은 별 중에서

별 하나가 나를 내려다본다.

이렇게 많은 사람 중에서

그 별 하나를 쳐다본다.

밤이 깊을수록

별은 밝음 속에 사라지고

나는 어둠 속에 사라진다.

이렇게 정다운

너 하나 나 하나는

어디서 무엇이 되어

다시 만나랴.

'저녁에' 전문 – 김광섭

환기미술관 : 서울시 종로구 자하문로 40길 (02)391-7701~2

환상선 눈꽃열차 -1월의 봄

1월의 마지막 날, 여느 해보다 혹독했던 추위가 잠시 멈춰 3월 중순에 해당하는 날씨다. 눈꽃 열차에 오르니 마치 1월의 봄 여행 같다. 보슬비와 싸락눈이 잠시 스치더니 눈부시게 포근한 설경이 펼쳐진다. 幻想이란 비현실계의 상념이 아닌 環狀, 즉 서울역을 출발해 제천, 추전, 승부, 풍기, 단양을 거쳐 돌아오는 고리형태의 순환 열차를 의미한다. 열차는 오래된 탄광촌 사북 고한을 지난다. 이런 지명은 그 이름만으로도 사마르칸트나 타클라마칸 같은 흥분을 준다. 석탄가루 섞인 잿빛 눈이 선로에 흩어진 추전역. 매봉산 꼭대기의 풍력발전기가 있는 풍경은 더욱 이국적이다. 이어진 협곡 속에 승부역이 나타났다. 이곳에서 먹는 우거지 국밥에 막걸리한잔은 술과 안주라는 관계의 의미를 새삼 고찰케 한다.

열차카페의 통유리로 보는 세상, 아름답기도 하지만 부모형제 떠난 무너진 빈 집들이 많이 보여 허무하기도 하다. 굴곡진 시간의 창을 닫듯 나는 소설책을 덮는다.
인생역정 같은 幻想과 回想사이의.

　1월의 봄, 포근한 날씨는 봄을 미리보기 하는 시간을 준 것 같다. 봄은 설렘도 있지만 시작이라는 또 하나의 임무를 내 놓는다. 긴장의 끈을 놓지 않고 새로운 도전의 자세로 임하라는. 무려 13시간의 기차여행은 아프리카여행 때 경험했던 48시간의 열차여행 보다 다소 지루했다. 모든 것을 내맡기는 일종의 포기 같은 아프리카여행에 비해 여행이 끝나면 바로 돌아가서 쉴 수 있다는 안위가 오히려 다른 의미가 되었기 때문일 것이다.

원주를 지나면서부터 조그만 간이역과 포근한 시골 풍경이 스쳐 간다. 옆자리가 비어 편안했지만 누가 탈지 불안하고 내심 궁금하기도 했는데 청량리역쯤에서 한무리 일행이 덮쳤다. 남자 한사람 여자 두 사람이다. 남자한분이 내 옆에 앉았다. 대화로 보아 남자는 앞 여자의 남편이었고 또 한 여자는 처제였다. 그런데 이 처제 씩씩하게 '의자를 돌립시다.' 라고 소리쳤다.

형부의 만류에도 그녀는 의자를 돌려 내 앞에 앉더니 혼자 온 내게 자꾸만 말을 걸고 먹을 것을 권한다. 그러나 일방적으로 얻어먹기도 부담스럽고 단 둘이라면 몰라도 대화도 흥미롭지 못할 것 같은 예상이었다. 무엇보다 낯선 사람과 다리를 교차하여 가는 게 불편하여 차라리 카페 칸으로 갔다. 통유리로 된 차창을 향해 의자가 놓여있어 밖을 보기가 한결 편안했다.

나는 줄곧 차창으로 시선을 놓지 않다가 가끔 긴 터널이나 산간을 지날 땐 소설을 읽었다. 문학상 수상 단편소설집을 택한 건 잘 한 것 같다. 열차여행 자체가 가다가 쉬고 다시 가는 단편 소설집 같다. 해발고도가 가장 높은(885) 추전역에서 보는 먼 산의 풍력발전기 모습은 이국적이다. 어묵, 옥수수, 산나물, 약초를 팔러 나온 주민들의 모습도 정겹다.

이곳에서 낙동강계곡을 끼고 몇 개의 간이역을 지나면 하늘도 세 평, 꽃밭도 세 평이라는 승부역이다. 경상북도의 오지 봉화 협곡에 갇힌 간이역. 이곳에서 1시간 반 정도 정차한다. 눈 덮인 내 건너 산자락엔 이곳 주민들이 특산물과 음식을 팔았다. 메추리꼬치, 더덕꼬치, 양미리구이 등이 인기다. 이곳에서 우거지 국밥에 막걸리 한 사발 들이킨다. 그 어떤 성찬보다 구수한 맛이다. 국밥과 막걸리, 포장마차와 애인 같은 안온한 구조다, 세상은 이런 관계의 고리로 인해 삶의 상호보완적 가치를 균형적으로 구현해 가는 것이리라. 메밀부꾸미와 손두부도 잊을 수 없는 맛이다. 단양역에 하차하면 공연이 펼쳐진다. 여행객들이 즉석에서 펼치는 일종의 노래자랑이다. 그러나 무엇보다 이곳의 조그만 장터는 여행의 피로를 풀어주기에 충분했다. 지역특산품을 구경하는 것 외에도 끓는 솥에서 퍼주는 메밀칼국수는 별미중의 별미다. 모락모락 김 서린 풍경만 보아도 구수함이 묻어난다. 길지만 짧은, 수단이 목적을 지배하는 이런 여행은 가끔 풍미가 된다.

환상선 열차비 : 49000원
정차하는 곳 : 추전역20분
승부역1시간30분, 단양1시간30분
승부역천막촌메뉴 : 손두부, 우거지국밥, 곤드레밥 5000~6000원
메추리꼬치, 더덕꼬치, 양미리구이 2000원
단양역 : 잔치국수, 메밀칼국수 4000원
승부역 : 경북 봉화군 석포면 승부리 산 1-4(1544-7788)

회암사지(사적128호)

　아카시아 꽃 흐드러진 초파일, 오랫동안 그려왔던 회암사지를 찾았다. 조선왕실의 지원을 받던 최대의 사찰답게 엄청난 규모의 절터가 입구부터 장관을 이뤘다. 3대화상 지공과 나옹과 무학이 절을 짓고 융성케 했다는 것만으로도 이 절의 위용을 가늠케 한다. 원래 인도 승 지공이 아라난타사를 본떠 창건한 266칸의 대규모 사찰이었지만 당간지주를 비롯한 여러 개의 폐사지 잔해들만 남았다. 셔틀버스를 뿌리치고 천천히 새로 지은 회암사로 향했다. 이 절은 순조 때 만들었으나 불타고 근래에 새로 만든 절이라 별다른 의미가 없겠으나 보물3점을 보기 위함이다. 초파일이라 수많은 불자와 순례객들이 점심공양을 받고 있었다. 호기심에 섰다가 나도 맛난 점심공양을 받아본다. 나물이 들어간 비빔밥에다가 떡과 물김치까지 주었다. 시큼한 열무김치가 옛 생각을 몰고 왔다.

오른쪽 산기슭에 해설사가 일러준 부도탑이 있었다. 맨 위로부터 나옹선사의 부도와 석등이 보였다. 나옹선사의 부도는 여주의 신륵사에서도 보았는데 이런 일화가 있었다. 고려 말 나옹선사는 지공선사의 유언에 따라 회암사를 중창하여 크게 일으켰고, 이때 수많은 백성이 개경에서 회암사로 몰려 들자 반기를 든 성리학자들이 상소를 올려 탄핵하였다. 결국 나옹선사는 귀양을 가게 되고 귀양길에 들린 여주 신륵사에서 열반에 들었다고 한다.

자신을 바친 회암사를 떠나 다시는 돌아오지 못할 먼 곳으로 유배

되는 비통한 심정을 담은 '청산혜靑山兮'라는 선시禪詩는 그때 남겨진 것이라고 한다.

**청산은 나를 보고 말없이 살라하고 창공은 나를 보고 티 없이 살라하네.
사랑도 벗어놓고 미움도 벗어놓고 물같이 바람같이 살다가 가라하네.**

　나옹은 친구의 죽음을 보고 사람이 죽으면 어디로 가는지 알기위해 삭발 출가했다고 하는데 그의 시도 초연함이 묻어난다. 2010년에 들렸던 신륵사 사진을 열어보니 조사당의 3대 선사의 사진도 있고 나옹선사의 부도도 있어 반가웠다. 신륵사는 회암사의 역사를 증언하는 유일한 절이다. 그때 조사당 앞에서 꿈틀거리던 어마어마한 600년 향나무는 태조 이성계가 심은 것이라고 하니 이래저래 신륵사는 회암사지의 역사를 담아내고 있는 것이다. 지공선사의 탑비는 귀부와 이수의 등에 홈만 남아있고 비는 그 옆에 따로 서있는 게 이상했다. 이것은 무학대사의 탑비도 마찬가지였다. 알고 보니 순조 때 광주廣州의 유생 이응준이라는 사람이 자기 부친을 묻기 위해 파괴했다는 것이다. 당시엔 탑비에 묘소를 쓰면 자손이 잘된다는 속설이 만연하였던 것 같다. 그는 당시 조선의 법을 적용 받지 못해 귀양을 가는 미약한 형벌을 받았다는 일화가 있다. 그 아래에 보물388호 무학대사홍융탑과 보물389호 쌍사자 석등이 우아하게

서 있다. 무학대사 부도는 왕의 무덤에나 있을 법한 난간석 까지 두르고 있어 대단한 권위가 느껴졌다. 태조가 무학의 생전에 만들어 준 부도라니 얼마나 무학대사를 아꼈는지 짐작케 한다. 쌍사자 석등은 두 마리의 사자가 등을 바치고 있는 형상인데 다리를 뻗어 돌진하려는 사자의 힘이 느껴진다. 사자를 보지도 못했을 텐데 도식적인 사자를 그리다보니 둘 다 수컷 형상이다. 다시 절의 좌측 능선에 자리한 보물387호 선각왕사비를 찾았다. 고려 말 선각왕사 나옹을 추모하기 위해 우왕3년 왕명으로 세운 비다. 비문은 나옹과 같은 고향 영덕출신의 성리학자 이색이 짓고 글씨는 권중화가 쓴 것으로 나옹의 생애와 업적을 기리는 내용이다. 이색은 나옹보다 8살 아래였으니 여주의 신륵사에 있는 비문을 비롯한 나옹과 관계된 글은 대부분 이색이 지은 것으로 보인다. 둘은 불교와 유교라는 다른 길을 걸었고 생전에 만난 적도 없다고 하는데 입적까지도 신륵사 부근이었다고 하니 동시대를 산 두 사람의 삶이 흥미롭다. 탑비의 글씨는 예서체로 고구려 광개토왕비와 중원고구려비 이후 고려에 와서 처음이라고 한다. 비는 아래서부터 위로 귀수, 비몸, 이수로 되어있는데 이 비는 1997년 한 성묘객의 부주의로 화재가 발생하여 비를 보호하기 위해 세운 비각이 전소되어 초석과 기단만 남아있다. 그러나 1997년 3월 30일 탑의 잔해 앞에 새로이 모조탑이 세워졌으며 부서진 비는 경기도 박물관에 소장되어있다. 모조품이라 정이가지는 않지만 귀부가 섬세하지 못한 반면 이수 부분은 뚜렷하여 위엄이 느껴졌다. 특히 비 머릿돌에 새겨진 용조각은 살아 움직이는 듯한 생동감을 준다. 송홧가루 날리는 산길을 걸어 천천히 화암사지를 내려오는 길가에 불도저가 서있고 발굴 현장이 보였다.
회암사지를 오르는 좌측언덕인데 이곳에 새로 길을 내는 모양이다. 길을 내게 되면 우선 발굴부터 해야 하는 것이다.
뻐꾸기소리 들으며 회암사지 끝으로 내려오니 발굴 현장자료관이 있고 그 아래 어수선한 주차장과 박물관이 나왔다. 박물관에는 왕실의 지원을 받은 사찰이라는 여러 가지 증거물들을 볼 수 있었다. 왕궁에서나 볼 수 있는 용두와 토수 그리고 청기와와 용무늬 봉황무늬 기와가 출토된 것이다. 보광전 주변에서 발굴된 청동금탁엔 134자의 명문이 남아있는데 왕사요엄존자, 조선국왕 왕현비세자로 시작하여 조선이 만세토록 전해질 것을 발원한 내용과 시주자의 이름이 새겨져 있어 이 절이 회암사라는 것과 절의 연혁, 시주자능을 알 수 있는 중요한 유물이다. 또한 왕실전용관요에서 제작한 도자류가 다수 발견된 것을 알 수 있다. 왕실에서 사용하던 최상품 분청자기에 새겨진 글에 향완에 씌어 있는 목천서만은 충청도 목천 자기소에서 서만이라는 장인이 국가에 세금으로 바친 공납자기라는 의미라고 하며 내용이라고 적힌 백자 역시 왕실용자기라고 한다. 경기도 광주 우산리 2호에서 내용 명 백자가 출토된 것으로 볼 때

분원관요가 운영되면서 회암사에 왕실자기를 조달한 것으로 보인다. 1565년 명종20년 조선 명종 때 문정왕후의 발원으로 명종의 쾌유와 세자의 탄생을 빌기 위해 도화원의 화원을 동원 회암사에 봉안한 불화는 무려 400여 점의 수작이라고 한다. 하지만 현재 남아있는 것은 총 6점으로 국립중앙박물관과 일본으로 건너간 도쿠가와 미술관에는 붉은 색의 비단바탕에 금선으로 도상을 그린 약사삼존도가 있고 일본 효주인, 류조인에는 비단 바탕에 채색과 금분을 사용하여 채화로 그려진 약사삼존도가 있다. 일본 고젠지와 미국 뉴욕버크 컬렉션에도 채화로 그려진 석가삼존도가 전해 내려오고 있다. 그 밖에도 3대화상의 초상화와 서승당의 온돌시설, 보광전의 복원도를 포함한 회암사지복원도가 영상자료관에서 소개되고 있다.

1472년 성종3년 세조비인 정희왕후貞熹王后의 명으로 정현조鄭顯祖가 중창했고, 명조 때에는 보우를 신임한 문정왕후文定王后의 비호로 다시 전국제일의 수선도량이 되었지만 왕후가 죽은 뒤 유생들의 탄핵으로 보우가 처형되고 절도 황폐해졌다. 선조 때까지는 기록에 간간이 절의 이름이 보이지만 1818년 재건한 무학대사 비에는 폐사되었다고 하므로 선조 이후에 폐사된 것으로 추정된다.

아까운 불교 유적이 사라졌다. 야생의 습관처럼 의정부에 가서 부대찌개나 먹어야겠다. 이런 시가 생각난다.

서너 달에 한 번쯤 잠시 거처를 옮겼다가 되돌아오는 습관을 버거워하면 안된다.
서너 달에 한번쯤, 한 세 시간쯤 시간을 내어 버스를 타고 시흥이나 의정부 같은 곳으로 짬뽕 한 그릇을 먹으러 가는 시간을 미루면 안된다. 죽을 것 같은 세 시간쯤을 잘라내어 시간의 뭉치에다 자신의 끝을 찢어 묶어두려면…….

'여전히 남아있는 야생의 습관' - 이병률

회암사지 : 경기도 양주시 회암동 산14 (031)820-2114
회암사지박물관 : 경기도 양주시 회암사길11 (031)8082-4187

월출산이 아름다운건 산자락에 도갑사가
자리하고 있기 때문이다.
산아래 펼쳐진 파릇한 보리밭이 있는
겨울 풍경은 더욱 멋지다.

돌아갈 집이 있다는 것. 나의 동업자들이 그 곳에 있다는 것. 나를
늘 오늘이
옛날처럼 기다리고 있다는 사실이 좋다.
나이가 들면서 귀가는 더욱 절실히 좋다.

.

저물 무렵

먼 도시의 번호판을 단 시외버스

터미널에서 빠져나간다

가는 동안 밤을 맞더라도

집으로 돌아가는 길이라면 좋겠다

버스를 탄 사람 몇이 먼 도시의 눈빛처럼 보이는데

손님 드문 텅 빈 버스처럼 흐린 눈빛이라도

집으로 돌아가는 길이라면 좋겠다

집에는 옛날의 숟가락이 소담하게

기다리고 있을 것이다

좋겠다 - 고운기

가끔 지난날들이 저승에서 이승을 바라보는 풍경처럼 낯설다.
주로 비몽사몽 같은 모호한 상황일 때 더욱 그렇다.
내 인생의 아수라장이 폐점하면 그때의 영혼이 이런 기억을
할까.
쇼윈도 안의 나를.

문을 닫은 지 오랜 상점 본다
자정 지나 인적 뜸할 때 어둠 속에 갇혀 있는 인형
한때는 옷을 걸치고 있기도 했으리라
그러나 불현듯 귀기(鬼氣)가 서려오고
등에 서늘함이 밀려오는 순간

이곳을 처음 열 때의 여자를 기억한다
창을 닦고 물을 뿌리고 있었다
옷을 걸개에 거느라 허리춤이 드러나 있었다
아이도 있었고 커피 잔도 있었다

작은 이면도로 작은 생의 고샅길
오토바이 한 대 지나가며
배기가스를 뿜어대는 유리문 밖

어느 먼 기억들이 사는 집이 그럴 것이다
어느 일생도 그럴 것이다

                폐점 – 박주택

책을 끝내는 것은 아이를 뒤뜰로 데려가 총으로 쏴버리는 것과 같아, 카포티가 말했습니다. 은둔자는 늙어가면서 악마가 되지, 뒤샹이 말했습니다. 웃다가 죽은 해골들은 웃어서 죽음을 미치게 한다네, 내가 말했습니다.

종이가 찢어질 정도로 훌륭한 시를, 용서할 수 없을 정도로 잘 쓰고 싶었습니다. (…)

시인의 말 - 김언희

묵살黙殺

세상에서 가장 졸렬한 피살

속으로 잡지 말고
정정당당 하게 표출하길.

나도 말할 수 있다.
무릎 꿇릴 정도로,
상처받을 그림을 그리고 싶다.
불가능한 용서가 되는.

나는 걷는다.

묻고픈 수채화처럼

거주지 없는 바람처럼

그네 타는 음표처럼.

이해균의 10번째 개인전과 세 번째 여행스케치집 발간에 즈음하여

서 영 희 (홍익대학교 미술대학 교수, 미술평론가)

이해균은 매우 과묵한 화가이다. 묵언정진하는 선비다운 기개로 그는 1980년대 이래 고유한 표현주의적 색채구상의 회화세계를 꿋꿋이 지켜오고 있다. 더욱이 그는 글과 그림, 詩와 畵를 동시에 추구하고 있는데, 이는 한국 근대 예술가들이 글과 그림 즉 문예를 동시에 개발 시켰던 현실과 맞닿는 실천행위이다. 사실 문장과 그림은 그 기본에 있어 두 가지가 아니다. 시가 청각에 호소하고 그림이 시각에 호소하며, 시가 언어문자를 통해 시간의 지속 속에서 사변적, 이해적인 활동을 도모하고 그림이 선과 색을 통해 공간 속에서 직관적인 조형활동을 도모하는 두 가지의 예술임을 모르는 바 아니지만, 현실에서는 고금을 막론하고 글과 그림 양자는 항상 상호 긴밀한 관계 안에서 서로 통하고 교환되는 예술들로 간주되어 왔다. 한 수의 시는 한 폭의 그림이며, 한 폭 그림의 형상은 한 수의 시와 같다는 말은 근대 시화론에서 줄기차게 언급되어 왔다. 심지어 서양에서도 '우트 픽투라 포에시스'(Ut pictura poesis)란 말로 텍스트와 이미지의 관계가 상호 밀접하고 융통함을 암시했다. 이해균의 세 번째 시화집의 발간은 그런 의미에서 자신의 意境(형상을 발생시키는 모체, 형상 너머의 뜻) 중심의 미학을 반증하는 실천으로 여겨진다. 그런데 글과 그림이 대등하게 작품을 형상화 하는 의지의 산물이라 할 때, 이해균의 경우 그가 그렇게 텍스트와 이미지의 등치에 관심을 두게 된 계기가 그가 1980년대에 참여했던 민중미술의 수용미학에 의해 이루어졌던 것이 아닐까 유추해보게 된다.

민중미술의 수용미학에서는 글과 그림의 기호가 생산자와 수용자 사이의 담론의 장을 형성하는 핵심적 수단이었고, 이와 더불어 작가는 전존재로 만들어진 최고의 의미체인 글과 그림을 통해 민중 수용자와 소통하는 것을 창작의 궁극적 지향점으로 삼곤 했었던 것이다. 그래서일까? 작가 이해균의 그림은 민중 혹은 대중에게 다가서는 진솔함과 성찰의 깊이로 다듬어져 있고 그의 글도 일상의 언어처럼 단순하면서도 내면의 울림을 전달하는 표현의 언어로 굽이치고 있다. 마치 독자들을 가까운 친구들을 대하듯 끌어안는 그의 언어는 자신의 삶의 이야기를 읊어내면서도 우리들 삶의 그것으로 읽혀지게 하는 매력을 지니고 있고, 그 옆에서 펼쳐지는 드로잉들도 동일하게 사변적인 선들이 아니라 우리들 삶에 대한 직관적 감성의 호흡으로 이어지고 있다.

절대 자유란 허구가 아닐까?

계획된 자투리 시간에 시외버스를 탄다.

걸으면 길 되고 행하면 도道 된다는 장자의 말씀에 귀의하며

불규칙 하지만 조용한 사색이 나를 통솔한다. 가끔 허기처럼 외롭고

풍경은 대체로 낯설다.

나는 바람처럼 이정표 없이 걷는다.

어제는 이미 돌아갈 수 없는 내일의 과거가 되듯이 시간은 간격이 없고

불투명하다. 여행지의 내력 보다는 표정과 느낌을 수집하는 것이 내 여행의 사유다.

그것이 목적은 아니지만 말이다.

여행지에서 만났던 사람들, 히치하이킹에 응해주신 따뜻했던 사람들

그들의 뒷모습이 그립다. 치밀한 삶에 종속되어 더욱 순응하며 살겠다.

나를 기억해 주신 독자들과 이 책을 내는데 도움을 주신 경기일보 이선호

부장님께도 고마움을 전한다. 여행이란 이런 유행가 가사 같다.

인생은 결국 이별하러 종착역에 가는 것일까?

가도 가도 끝이 없는 외로운 이 나그네길

음 ~ 안개 짙은 새벽 나는 떠나간다.

이별의 종착역

2014. 11월

바람소리 머나먼

물위에 쓴 詩
바람결에 그린 풍경
이해균의 스케치여행2

초 판 1쇄 인쇄일 · 2014년 11월 13일
초 판 1쇄 발행일 · 2014년 11월 19일

지은이 | 이해균
펴낸이 | 노정자
펴낸곳 | 도서출판 고요아침
편집장 | 이세훈
편집.디자인 | 정성순

출판등록 2002년 8월 1일 제 1-3094호
120-814 서울시 서대문구 증가로 29길 12-27 102호(북가좌동, 동화빌라)
전 화 | 02-302-3194~5
팩 스 | 02-302-3198
E-mail | goyoachim@hanmail.net
홈페이지 | www.goyoachim.com
인터넷몰 | www.dabook.net

*책 가격은 뒤표지에 표시되어 있습니다.

ISBN 978-89-6039-669-2 (03810)